A COMPLAINT IS A
GIFT WORKBOOK

投诉是礼物

礼物

实践版

101 Activities, Exercises, and Tools
to Learn from Critical Feedback
and Recover Customer Loyalty

[美] 贾内尔·巴洛
(Janelle Barlow)

[美] 维多利亚·霍尔茨
(Victoria Holtz)
著

赵晓曦
译

中国科学技术出版社
·北 京·

A Complaint Is a Gift Workbook: 101 Activities, Exercises, and Tools to Learn from Critical Feedback and Recover Customer Loyalty by Janelle Barlow and Victoria Holtz, ISBN：978-1-5230-0297-9
Copyright © 2022 by Janelle Barlow and Victoria Holtz
Copyright licensed by Berrett-Koehler Publishers
arranged with Andrew Nurnberg Associates International Limited
Simplified Chinese translation copyright © 2024 China Science and Technology Press Co., Ltd.
All rights reserved.
北京市版权局著作权合同登记　图字：01-2023-1405。

图书在版编目（CIP）数据

投诉是礼物：实践版 /（美）贾内尔·巴洛
（Janelle Barlow），（美）维多利亚·霍尔茨
（Victoria Holtz）著；赵晓曦译 . — 北京：中国科学
技术出版社，2024.7
书名原文：A Complaint Is a Gift Workbook: 101
Activities, Exercises, and Tools to Learn from
Critical Feedback and Recover Customer Loyalty
ISBN 978-7-5236-0537-0

Ⅰ.①投… Ⅱ.①贾… ②维… ③赵… Ⅲ.①企业管
理—销售管理 Ⅳ.① F274

中国国家版本馆 CIP 数据核字（2024）第 042681 号

策划编辑	何英娇	责任编辑	高雪静
封面设计	东合社	版式设计	蚂蚁设计
责任校对	焦　宁	责任印制	李晓霖

出　　版	中国科学技术出版社
发　　行	中国科学技术出版社有限公司
地　　址	北京市海淀区中关村南大街 16 号
邮　　编	100081
发行电话	010-62173865
传　　真	010-62173081
网　　址	http://www.cspbooks.com.cn

开　　本	880mm×1230mm　1/32
字　　数	152 千字
印　　张	8.25
版　　次	2024 年 7 月第 1 版
印　　次	2024 年 7 月第 1 次印刷
印　　刷	大厂回族自治县彩虹印刷有限公司
书　　号	ISBN 978-7-5236-0537-0 / F·1215
定　　价	59.00 元

谨以本实践手册，

献给所有辛勤工作的投诉处理者。

你与客户互动，解决问题，

努力在压力下保持冷静。

你希望令客户满意，

尊重每一位挑剔的客户，

为了让心怀不满的投诉者变得心情愉悦，并成为组织发展的长期推动者，

你不断攀登，力求做到更好。

祝贺你！

前　言

如果我们将投诉视为礼物，会怎么样？如果我们一收到这样的礼物就说"谢谢"，又会怎么样？这会给整个投诉处理领域带来怎样的变化？

你是否发现自己难以应对别人抛给你的投诉或是破坏性反馈？放心，你不是唯一一个会这么想的人。大部分人都不擅长处理负面反馈。这也是我们撰写这本实践手册的原因，我们希望你在读过它之后，能够轻松愉悦地处理好投诉，并对你所在的组织有所贡献。我们写下这本指南，就是为了让你把投诉当作礼物！本手册提供了实用的工具及案例，来帮助你掌握反馈和投诉的处理技巧。我们将向你介绍一种关于投诉处理的思维模式，它会帮助你改善工作及个人生活中的人际关系。现在让我们一起来了解"投诉是礼物"的理念吧！

本实践手册可与贾内尔·巴洛（Janelle Barlow）的《投诉是礼物》（*A Complaint Is a Gift*）一书搭配使用，两本书都针对一些相同的观点展开了论述。但本实践手册更侧重于对实用技术，也就是投诉处理方法的讨论。它弥合了理论与应用之间的鸿沟。这本实践手册向我们展示了如何在最具挑战性的工作之一——处理投诉中拥有出色的表现。本书适用于所有想要了解如何给予建设性接收反馈的人。虽然它是专为投诉处理者而写，但你会发现它对于服务从业者、销售人员、管理人员、团队成员、培训师等都有价值。

许多人会觉得，客服代表（customer service representative）[1]只需要了解他们所代理的产品就行。因为既然他们始终在接收负面反馈，那么他们肯定或多或少都知道该如何处理投诉。然而，事实并非如此。当你向客服代表提出"投诉处理工作中哪个部分最具挑战"的问题时，他们可能会告诉你，获得产品信息并不困难，但当遇到怒气冲冲、情绪高涨，或者威胁着说要与高层交涉的客户时，他们常常会感到不知所措。客服代表在相当大的程度上影响着组织的价值底线，因为这个岗位的主要职责就是在客户遇到问题之后恢复对方的满意度，并使其乐于对组织保持忠诚。我们相信，如果组织能给投诉处理人员赋权，使他们能运用自己的创造力为客户找到公平合理的问题解决方案，那么客服代表的离职率将会大大降低。许多投诉处理人员对客户投诉处理的了解仍相当粗浅，当然，并非所有从业者都是如此。他们当中的确有一部分人

---

[1] 本书中的客服代表是指所有以投诉处理为全部或部分工作职责的员工，无论其所在的公司如何称呼其岗位，比如服务提供人员、投诉处理人员、换货人员、计算机技术人员等。

经验丰富，也接受过极其优质的培训。然而，这部分人还是少之又少。大部分客服代表都知道要对客户释放善意并提供帮助，但他们所接受的培训或多或少还是要求他们在处理投诉时更关注组织的流程，而非客户的感受。

这本实践手册提供了许多能帮助我们应对这些困难的活动，这些活动既有趣又充满挑战性，足足有 101 项之多！我们绝对相信，你至少能从中找出几十项适合你的活动，而对其余活动的学习，也会让你更为全面地了解客服代表可能面临的投诉情形。这会为你更好地与投诉客户互动提供多种选择。组织还可以利用这本实践手册来举办内部研讨会，加强领导和员工的投诉处理能力。我们的网站上有"投诉是礼物"（CIAG）培训师培训项目（Train the Trainers program）。你可以加入这个私人教练小组，参加每季度的现场培训会。我们还会分享一些建议，告诉大家如何使用本实践手册来出色地完成"投诉是礼物"主题下的内部项目。

除了不让生活被负面反馈击垮，妥善地处理投诉还能给你带来什么好处呢？

对客户而言，如果他们不欣赏你处理投诉的方式，最简单的一种反应就是直接离开。从个人角度来说，倘若客户不满意自己所受到的对待，他们也可以通过网络向成千上万的网友诉苦。

在客服代表的工作中，最重要的沟通活动可能就是与不满的客户进行交谈。这是一个能通过修复问题来改善业务的机会。更难能可贵的是，如果他们能为客户解决问题并善待对方，客户就可能对企业更加忠诚。

竭尽所能令客户满意与开心是很值得的，不仅对客户而言是这样，对包括你在内的员工也是如此。

对投诉处理技巧的实践能帮你从各种方法中筛选出最适合自己的途径。这会让你在应对不同类型的客户时更加灵活。在投诉处理技巧的实践中，你也会变得更善于倾听客户的意见、鼓励他们在发现问题时表达出来，并且围绕这一问题来组织自己的工作。你还能学会在问题出现时关注客户服务流程中的关键点。

我们将帮你填补知识上的空白，这样，无论你在未来是受雇于人还是自主创业，都可以把习得的新技能运用到工作之中。毫无疑问，到了最后，你必定会变得更加以客户为中心。而身为客服代表的你、你的客户、团队，以及你所在的组织也都能从中受益。

本书旨在走进你的生活，向你展示如何为客户提供支持，让你爱上自己的工作，并教会你处理极端的客户意见或其他种类的负面反馈。

本书中的部分活动是要求你和其他人一起完成的。想一想你愿意和谁一起来做这项工作？他们可以是看过这本书的，也可以是没看过的。与伙伴一同体验能帮助你在互动中窥见他人的反应。而对方的反应也可以推动你的言行，尤其是在你要求他们扮演客户的时候。

目　录

────────────────────────── 139

第八章　倾听技巧

────────────────────────── 151

第九章　言语之外

第一章

入 门

　　任何一场愉快的旅行，都少不了方向、指南以及行动计划的加持。我们很乐意帮助你开启学习之旅，现在我们得要求你——不，是你自己要坚持——为成功竭尽全力。

　　我们会邀请你做一个自我评估，以此来设定自己的起点。在阅读本实践手册的过程中，你可以重复进行这个评估，以此来追踪自己的学习进度。至于评估的频率，可以由你自己来定。不过，我们强烈建议你，至少要在学完本手册的全部内容之后再做一次评估。

　　在前进的过程中，你会有所收获。这个过程看似简单，实则不然。投诉处理是件复杂的事情。但如果能做好，它会给你带来很高的价值。

🎁 活动 1：对成功的承诺

来吧！是时候开启你的学习体验了！这意味着你已经在提升投诉处理技能方面迈出了一大步，祝贺你！

请君一试[1]：为了做好准备，我们建议你先研究一下这份任务清单，在每个你愿意承诺的选项前打"√"。这个勾选的动作会强化你的学习过程。每隔一段时间就复盘一次，这样你就能确保自己真的在贯彻执行这些承诺。

☐ 安排时间来学习这本实践手册。屏蔽干扰。

☐ 选择一个舒适的地点来阅读和开展这些活动。

☐ 把电脑、智能手机或平板电脑放在手边，方便观看视频或是完成类似的活动。

☐ 在进行活动的时候，你可以按顺序进行，也可以跳过某些内容。

---

[1] 请君一试（let's try it out, LTIO）是一份邀请，请你来沉浸其中，做点事情。这份邀请可能涉及的内容包括回答问题、参与评估或是回顾你所学过的课程。

☐ 做好拓展准备。某些活动会带领你离开舒适区。

☐ 保持坦诚。你是为提升自己而活动，没人会来检查。

☐ 加入脸书（Facebook）❶社群，享受更多福利，参加月度强化会议。

☐ 按照自己的节奏向前推进。

☐ 使用彩色记号笔或荧光笔来标注重点。

☐ 如果你愿意，在手边准备好你喜欢的食物和饮料，以便刺激感官。

🎁 活动 2：我的起点在哪里？

我们假定你希望在投诉处理方面有所改进。你可能也想在下班时有个好心情——你的客户也是这样。

首先，我们来对你的投诉行为做个自我评估。你可以在看完这本实践手册后再评估一次，看看自己做出了哪些改变。我们确信你一定会有所提升。

投诉处理是件复杂的事情。但如果能做好，它会给你带来很高的价值。倘若你的客户能够尽兴而归，那么当一天的工作结束时，你就会觉得自己为他人做出了贡献，也会有精

❶ 脸书（Facebook）现已更名为元宇宙（Meta）。——编者注

力去应对生活里的其他事项。

请君一试：请进行自我评估测验，在 1—5 分的区间内给自己打分。

从不	几乎没有	有时	经常	总是
1	2	3	4	5

1. _____我喜欢接到反馈或投诉。

2. _____我会在接受反馈时认真倾听。

3. _____我会根据得到的反馈做笔记，以确保自己不会忘记细节。

4. _____我不会在客户发言时打断他们，当我认为他们的观点有误的时候更不会如此。

5. _____我在听完投诉或反馈后，会跟进并执行我的承诺。

6. _____我会积极征求顾客的反馈意见。

7. _____如果出于某些原因，我不能遵守承诺，我会迅速向客户传达。

8. _____我会让别人说完他们的想法，即使我知道他们要说什么。

9. _____我会了解网上发布的关于我的公司的最新内容。

10. _____我会以积极的方式回应我得到的反馈，无论自己是否同意这些观点。

11. _____我认为自己是一个优秀的投诉处理者。

12. _____我会从客户的角度来看待投诉。

13. _____我会积极向我的老板或同事征求反馈意见。

14. _____人们经常说我对反馈和投诉的处理方式非常好。

15. _____当我处理完投诉后，我会询问客户对我们的沟通是否满意。

总分：_____

我的得分：

0—20分：你还有很多需要改进的地方，改进后才能对投诉持积极的心态。

21—40分：有一些需要改进的地方。

41—65分：你面对投诉的心态良好。

66—75分：祝贺你！你面对投诉的心态非常积极！

分数只能说明一部分事实。在你回答的高分（4分或5分）问题的基础上再接再厉。通过专注于你已经擅长的行为，你会有更大的进步。从你标记为1分或2分的问题中选择一两个，并尝试改变行为方式。你可以过一段时间再重新测试看看结果如何。

注意事项：

第二章

理解投诉

许多人压根不喜欢投诉。对他们而言，投诉不过是些堵在门口的麻烦。但是，将投诉自动等同于问题，这本身就是个错误。有些投诉是乔装打扮过的机会，而有时我们解决投诉的方式还会让彼此之间变得更为亲近。这种情况在家庭中经常发生。

在商业社会中，我们将投诉界定为"对未被满足的期望的直接表达"。当期望没有得到满足时，客户就会不满，企业就要冒失去他们的风险。

在本章中，我们将会研究何为投诉，这也为你提供机会来审视自己对于投诉的界定。

活动 3：对你而言，什么是投诉?

对于客户投诉，我们可以从多个角度来思考。了解自己对于客户反馈的看法，这样你就会知道，要以"投诉是礼物"的思维模式来行事，以及你还有哪些需要转变的地方。

完成这些练习的方法并无对错之分。只要你如实回答并能讲清楚你是如何看待投诉的，就是最好的答案。

1. 在听到"投诉"一词时，你脑中联想到的其他五个词是什么? 把它们填在下面的横线上，然后对每个词做出正面、负面或中性的评价。

（1）_____

正面　　　　负面　　　　中性

（2）_____

正面　　　　负面　　　　中性

（3）_____

正面　　　　负面　　　　中性

（4）＿＿＿＿＿＿＿＿＿＿＿＿＿＿＿＿＿＿＿＿＿

正面　　　　负面　　　　中性

（5）＿＿＿＿＿＿＿＿＿＿＿＿＿＿＿＿＿＿＿＿＿

正面　　　　负面　　　　中性

2. 画一幅有关投诉的图画。

---

3. 看看你在第一个问题中选择的词语，它们与你画的图画相匹配吗？

是的＿＿＿＿＿＿不是＿＿＿＿＿＿有一点＿＿＿＿＿＿

请君一试： 从这三个练习中，你是否能发现自己对投诉的看法是怎样的？

＿＿＿＿＿＿＿＿＿＿＿＿＿＿＿＿＿＿＿＿＿＿＿＿＿

＿＿＿＿＿＿＿＿＿＿＿＿＿＿＿＿＿＿＿＿＿＿＿＿＿

＿＿＿＿＿＿＿＿＿＿＿＿＿＿＿＿＿＿＿＿＿＿＿＿＿

活动 4：反馈与投诉

你可能在很多地方都看过这样的公告牌，上面用不同字体写着"我们期待您的反馈"。这是个很好的公告，它提出的是这样一种要求：告诉我们你的想法。

然而，即便已经四处寻找了多年，迄今为止，我们仍没见过有任何公告牌上写着"我们期待您的投诉"。假如你看到了这样的公告牌，请拍照发送给我们！

反馈与投诉这两个词常被交替使用，或许你也会经常混用它们。这也无伤大雅。在本实践手册中，我们也会时不时地这么做。

《韦氏词典》（*Merriam-Webster's dictionary*）中对"反馈"一词的解释是"对某事的反应或回应"。这样的定义无助于区分反馈与投诉，因为反应或回应也可能是一种投诉。

我们对投诉的定义会更加精准一些。投诉是一种对未满足的期望的表达。投诉表达的是不满，然而，反馈未必代表不满。

反馈可能是正面的，也可能是负面的。这么想有助于帮你将它与投诉区分开来。但投诉可不是这样的。如果一种表达被界定为投诉，那它就必然是负面的。然而，我们在听到"负面反馈"这种说法的时候，通常并不会把它叫作投诉。我们只认为它是一种反馈。

虽然本实践手册所涉及的技巧是用于处理投诉的，但你也可以用它们来处理负面反馈。我们不在这里讨论如何处理正面反馈，因为这一点你本身应该就能做到！

请君一试：你如何区别投诉与反馈这两个术语？举例说明：

反馈：_____

_____

_____

投诉：_____

_____

_____

注意事项：

_____

_____

_____

🎁 活动 5：我收到过的最好的一次投诉

有些投诉或反馈可能是我们收过的最好的礼物之一。很多时候，我们意识不到这是一份礼物，更别说是把它当成生活中的一件好事了。可能得过几个月甚至几年的时间，我们才能意识到它的价值。

请君一试：首先想一想，有没有哪份投诉，是你在收

到的当下就知道你能从中获益的？描述当时的情形。说一说
你是如何看出这点的，比如，是因为它的传达方式还是它的
内容？

　　然后再想一想，有没有哪份投诉，是你在一开始的时候
觉得特别糟糕，但在进一步考虑之后，却给你带来了极大的
价值，并成了你收过的最好的一次投诉的。请在下方对其进
行描述。

　　最后，是什么促使你发生改变，让现在的你认为投诉是
生活中的积极事件？你是否已经将从该反馈中所习得的东西
内化于心？

活动 6：我收到过的最差的一次投诉

你或许曾听过一些非常糟糕的投诉。客户所说的内容是如此令人不悦，以至于你都完全记不起那些场景，因为你在潜意识里就非常想要忘掉当时的对话和发生的事情。

请君一试：想一想你曾听过的针对你个人或你所在企业的最糟糕的一次投诉。这一投诉（或者反馈）至今仍让你深受其扰、愤怒不已，或者还在激起不公的感受。请在下方对其进行描述。为什么这一投诉让你感觉如此糟糕？是它的传达方式，还是它的内容？

_____

_____

_____

你认为要发生哪些改变，你才会把这次投诉看作生活中的一个积极事件？

_____

_____

_____

这就是我们写作这本实践手册和创建这些活动的意义所在：迅速将客户投诉转化为礼物，这样用不了几天、几周，更不用几年，你就能把它看成一件好事了。

🎁 活动 7：我为什么会投诉？

每个人在投诉时都有自己的理由。有时是因为别人的行为或言论，也有时是因为我们自己——比如当时累了或者饿了。也有可能是我们已经处理了太多无法应对的事情，因而感到不堪重负，很容易被激怒。往往在这种时候，我们就会叫苦不迭。

大多数人在回想投诉经历时，都会为自己的言行感到悔恨。但其他时候，我们却会觉得如果当时能畅所欲言就好了。你觉得我们的客户也会有同样的感觉吗？投诉与不投诉，有时就是一线之隔。

当然，人人都会有怨声载道的时候——至少有时会如此。但是，还是让我们先从自身的情况看起。

请君一试：列出你进行投诉的三个原因。你所举的例子可以是有关家庭生活的，也可以是有关工作的。

1. _____

2. _____

3. _____

你能再举几个例子吗？对此类事例的合理列举能帮助你理解为什么有时我们会去投诉，而另一些时候不会。这也会反过来帮助我们看到别人为什么会对我们抱怨连连。

1. _____

2. _____

为什么你会认为抱怨或投诉很重要？

_____

_____

_____

注意：当你开始进行这些活动，但觉得没有头绪时，可以先把它们放在一边，稍后再讨论。有时，短暂的休息会为你带来更好的想法。

注意事项：

_____

_____

_____

🎁 活动 8：谁有权投诉？

你有没有因为感到不公投诉过？我们以维多利亚的亲身经历为例。

某年圣诞节的前一天，我的父母和兄弟姐妹受邀来我家吃午饭。我丈夫很不高兴，因为那天他有很多事要做，而且当天我们俩还要带着孩子们去他父母家吃晚饭。他担心招待完我们全家 18 口人之后就会很累，也来不及做自己的事了。我必须承认，我确实抱怨了："凭什么你那边的家人就比我的更重要？"

你觉得这算是个合理的投诉吗？你是否说过相同或是类似的话？

诚然，这么抱怨并不公平。而之后，情况甚至变得更糟。我请他帮忙摆桌子，他说不行，他得去处理别的事情。我真的很生气。"什么事？去哪儿处理？为什么非得是现在？现在我需要你啊！"但他只是看了我一眼就离开了。当他再回来的时候，我已经摆好了桌子，处理好了所有的午餐事宜。他说："太好了，我看你都搞定了！我带了冰块回来。"

如果你是我，你会有什么感觉？你会跟他说什么？接下来你打算抱怨点什么？

我盯着他说："是啊，我都搞定了，没你也行！"那顿午餐我们吃得剑拔弩张，这种紧张气氛甚至延续到了圣诞晚宴上。第二天一早，我们急急忙忙地去拆圣诞礼物。前一天晚上的圣诞树旁还空空荡荡，但到了圣诞节早上，树边却堆满了大大小小的盒子。孩子们又惊又喜。接着我丈夫说道："你还记得我说我昨天有事要做吗？我得把所有礼物都拿来包装好，再放进储藏室里，不能被孩子们提前看到。"

我们来仔细看一下这个场景。你身上发生过这种事吗？你觉得维多利亚在那一刻的感觉如何？

此处最重要的问题就是：维多利亚有权投诉吗？从她的角度来看，她显然是有的。或许她该更敏锐一些，早一步察觉丈夫的良苦用心。

请君一试：很明显，维多利亚的丈夫也有更好的方法来应对妻子的投诉。那么他该怎么做才能把这件事处理好呢？请为他出个主意。

1. _____

2. _____

在阅读这则轶事时，你想到了什么？你会对维多利亚说什么？尽管她有权投诉，但对于这种普通的家庭纠纷，她该怎么做才能把它处理好？

1. _____

2. _____

3. _____

写出你在这项活动中所想到的三种有助于你解决类似投诉的方法。

1. _____

2. _____

3. _____

学习要点：人人都有权投诉——即使我们的投诉是在信息不全的情况下发出的。

注意事项：

_____

_____

_____

🎁 活动 9：为什么我不投诉？

有时我们明明有理由投诉，却一言不发。我们是那 96% 的沉默客户中的一员，如果不是什么大不了的事情，我们宁可不去投诉。但很显然，如果问题很严重，我们是会说出来的。不过，如果只是汤太咸了，或者鱼的腥味太重，以致我们难以下咽，我们却常常习惯忍受。这是为什么呢？

有时我们会想"我相信他们已经尽力了"或者"这么小的事，不值一提"，所以，我们选择保持沉默。

请君一试：在遇到类似上述情况的时候，你会投诉吗？你总是这样处理吗？如果你是客户，在哪三种情况下你不会去投诉？为什么？

1. _____

2. _____

3. _____

我们来从你的个人生活或职场经历中举一个有关朋友或同事的例子。当你不喜欢别人的行为时，你是否总会选择投诉？为什么你会这样做，或者为什么你不这样做？

1. _____

2. _____

3. _____

当别人做了我们不喜欢的事情时，就算我们什么都没说，也是会感到恼火的。但我们不会表露这种不悦。想想看：要是不说出来，对方要如何意识到并且改变这种行为呢？

以下是人们表示不会投诉的几个原因：

- "我以前投诉过，但不了了之。"

- "我不想伤害别人的感情。"

- "我怕失去那个人对我的爱或好感。"

- "我怕遭到人身报复。"

- "我不想从他们那里听到任何讨人厌的、防御性的评论。"

请君一试：想一想，假设有两个人做了些你不欣赏的事情，虽然你没投诉，但你还是想给他们点反馈。把这两个人的名字写下来。你打算怎么把心里的想法反馈给他们？你会选择在什么时候告诉他们？

不要投诉那些无法改变的事情（例如，"我不喜欢你的身高"），因为对方也对此无能为力！要选那些对你有影响、有重要意义且可以改变的事情去投诉。

人名 1：＿＿＿＿＿＿＿＿＿＿＿＿＿＿＿＿＿＿

反馈内容：＿＿＿＿＿＿＿＿＿＿＿＿＿＿＿＿

反馈时间：＿＿＿＿＿＿＿＿＿＿＿＿＿＿＿＿

人名 2：＿＿＿＿＿＿＿＿＿＿＿＿＿＿＿＿＿＿

反馈内容：＿＿＿＿＿＿＿＿＿＿＿＿＿＿＿＿

反馈时间：＿＿＿＿＿＿＿＿＿＿＿＿＿＿＿＿

在你向这两个人提供过反馈之后，找一位伙伴分享整件事情的经过。和对方一同探讨投诉是什么感觉，以及你是否愿意再次尝试。我们会在第十三章中进一步探讨这个话题。

📦 活动 10：投诉还是不投诉
——这是个复杂的问题

在新冠疫情期间，贾内尔曾多次去看急诊，还额外看过 5 次门诊，其中就包括去骨科拍 3 组 X 光片来检查有没有骨折。她右脚的情况不断恶化。每次医生都让她回家，还说"我们也不知道哪出了问题"。

最终，贾内尔的胫骨肌腱断裂了。如果你查查资料，就会知道肌腱断裂可不是什么好事。尽管贾内尔还能蹒跚而行，但很明显，她的脚已经不听使唤了。最后，她被转诊去看初级保健医院级别以上的骨科医生，那位医生只是看了她的脚几秒就诊断出了问题所在。核磁共振检查结果证实，她需要接受异体肌腱移植手术，因为她的肌腱已经裂开了 8 英寸❶之长。

贾内尔的所有朋友都问："在非得动手术之前，你是忍了多久啊？"

投诉问题复杂的原因正在于此。贾内尔投诉过吗？是的，她向许多人吐槽过。但她有没有向给她看病的医生投诉过呢？没有。一次都没有。

如果说她曾有机会投诉的话，也就是那时候了。然而，她并没有说出来。贾内尔觉得自己也有责任，因为她没在肌腱只是受了轻伤的时候就大声抗议，而那个时候可能只需小修小补一下就能治好了。她对自己的肌腱状况一无所知，她听信了给她看病的每一位医生的话。她拍了 X 光片，知道自己并没有骨折，只要"回家休息就好"。但她的问题并不出在有没有骨折上。

贾内尔很同情她的医生，因为这一切都发生在新冠病

---

❶　1 英寸 =2.54 厘米。——编者注

毒肆虐的时期，所以她愿意对医务人员宽容一些。她甚至在肌腱断裂之前接受了痛苦的可的松注射治疗，但后来她在网站上搜索过才知道，如果肌腱已经裂开了，根本不能注射可的松。

第二次去看急诊时，贾内尔忍着不可思议的剧痛等待了几个小时，之后，她收到一份关于治疗体验的调查问卷。贾内尔给他们打了3分（满分为10分）。接下来的一周，她接到一个电话，问她愿不愿意把这个评分改高点。贾内尔则反过来建议对方把护理中心的名称从"急诊"改成"慢诊"。

你可能会想："可这不就是《投诉是礼物》的作者贾内尔吗？"是啊，就是她。而在这个故事当中，即便在手术之后右脚有6周时间都毫无知觉，即便之后的恢复过程十分漫长，贾内尔也没有投诉过。她花了整整一年的时间才重新学会使用这只脚，脚上还留了一条8英寸的伤疤，永远提醒着她有过这段糟心的经历。

有了贾内尔的现身说法，你应该能理解为什么人们（包括你自己在内），会选择不去投诉。投诉与否是一个高度个人化并且复杂的情感决策。

关于投诉人群比例的早期研究结果已是不争的事实。如果情况不太严重，只有4%的客户会选择告知能提供帮助的服务者。而当问题严重时，会有大约23%的人选择说出来，大概占了 1/4，这里面还不包括贾内尔本人。尽管人人都觉得自己在遇到问题时会投诉，但当问题真的出现时，情况并非如此。

请君一试： 基于以上原因，我们有理由把自己收到的每一个投诉都看作礼物，因为投诉的数量并不像问题本身那样多。如果你是贾内尔，你会怎么做呢？

你可能会觉得，人类已经相互抱怨了许多年，我们应该已经学会了如何更好地处理投诉，避免其演变成重大冲突。也许这样想，我们就能学会在合理的时候提出投诉。

要是我们把投诉看作礼物，会怎么样呢？

注意事项：

_____

_____

_____

自我检查：理解投诉

关于投诉，你从第二章中学到的最重要的三个观点是什么？

1. _____

2. _____

3. _____

为什么这么多人不愿意投诉呢?

1. _____

2. _____

你也许希望收到更多反馈,但大多数客服代表其实并不想收到更多投诉。因为我们都知道,客户并不希望自己看起来是喜欢投诉的人。然而,投诉并不是个贬义词,它只不过表达了未被满足的期望而已。假如我们听不到不满,又怎么能指望去解决问题呢?你会如何区分反馈与投诉?即使你更爱把投诉称为"反馈",也一定要牢记它的真正意义。这会帮助你区分这两个术语的不同之处,并判断客户的行为到底属于哪一类。

何为反馈? _____

何为投诉? _____

第三章

谁在投诉？

客户是千差万别的。他们种族各异，母语不同，收入水平、受教育程度和社会地位都不一样。有的人非常友善，而有的人则充满敌意或傲慢无礼。

也有人与你相似。

投诉者也分为许多不同的类型。在本实践手册中，我们会将投诉者分成四类来加以研究，并利用这些信息来更好地了解我们的客户。

🎁 活动 11：投诉者各不相同

在本章中，我们会探讨投诉者的四种类型。现有的人格类型研究还未涉及过这个领域。我们这里要研究的主要是个体的投诉行为。如果你能识别出每个投诉者的类型，那么你就能在他们展现出自己的人格特质时更好地与之互动。有一类投诉者很好识别，因为他们会试图帮助你，会给你送上一份"礼物"。而另外三类人可能从不透露自己的不悦，他们只是在感到不悦时离开。

我们不对投诉者的类别做负面评价，只关注他们的行为本身。第一类客户可能是我们都希望遇到的，而另外三种则不是。下面我们来讲讲这四种类型的投诉者。

第一类投诉者："我想帮你变得更好"；

第二类投诉者："我要走了"；

第三类投诉者："网络"投诉者；

第四类投诉者："钻制度空子"的投诉者。

遇到有客户来投诉的时候，首先要倾听他们投诉的内容，而不是关注他们说话的方式。如果你能记住这点，在处理投诉的时候就会更轻松一些。请记住：投诉者来的时候都是带着防御心的。

其次，即使对方不再愿意复购，你也不要只是简单挥手告别就结束沟通，可以问问他们为什么不肯再来。客户的答案中可能隐藏着智慧的宝石。要是处理得当，有时你甚至能让对方回心转意，再给你一个机会来保住这单生意。

请君一试： 当你与客户当面会见或是通电话时，你要如何使用上述两条建议？你可能会发现，对这个问题研究得越深，你的答案就越复杂。等完成更多项活动之后，你可能会想再翻回这一页重新看看。

1. ＿＿＿＿＿＿＿＿＿＿＿＿＿＿＿＿＿＿＿＿＿＿

2. ＿＿＿＿＿＿＿＿＿＿＿＿＿＿＿＿＿＿＿＿＿＿

3. ＿＿＿＿＿＿＿＿＿＿＿＿＿＿＿＿＿＿＿＿＿＿

注意事项：

＿＿＿＿＿＿＿＿＿＿＿＿＿＿＿＿＿＿＿＿＿＿＿＿

＿＿＿＿＿＿＿＿＿＿＿＿＿＿＿＿＿＿＿＿＿＿＿＿

活动 12：第一类投诉者——"我想帮你变得更好"

我们都希望客户对我们的服务及产品只有溢美之词，但那是不现实的。有时我们让客户失望了，他们就会说出来。

在这一点上，要搞清楚和我们对话的是谁。那些想帮我们变得更好的客户对企业而言是最有价值的客户，因为他们在给我们机会改进，好让自己能够心甘情愿地与我们继续合作。

这类投诉者即便听起来备感失落，也还是希望你能有所提升，而且如果你真的改了，他们就可能愿意继续做你的客户。这是个好消息！一般来说，这类人的投诉意见都很准确，哪怕他们所反映的问题是其个人独有的。此外，这类投诉通常都能得到解决，还能给你提供很多有用的信息。倘若客户都能如此，那就太好了。

"汤太咸了"是一种涉及味觉的投诉。大部分食客都不会投诉这种问题，虽然他们也觉得汤很咸，但他们会缄口不提，所以这个投诉了的客人在某种程度上就像是其他食客的代言人。他会提醒你该注意哪些问题。

你可以这么想：这位客人所询问的这个细节，会决定他是否愿意成为你餐厅的回头客。如果他在你店里就餐时经常点这道汤，那么除非你能在汤里少放点盐，否则他们是不可能再回来的。

即使这种客人说的话有点咄咄逼人，但他们还是会给你提供有用的信息。别管他们是"怎么"说的，要听听他们到底说了"什么"。比如，假使对方恼羞成怒地说："你们公司根本找不到人，我打了四次电话才有人接！"诚然，对方是气急了，但他们表达的还是希望你能有所改进的信息。那就听听对方的意见吧！

请君一试： 在你下一次与客户交谈时，用纸条或手机记下这类投诉者的数量。估算一下他们在你的客户总人群中能占多大比例：_____。

这类"我想帮你变得更好"的客户能为你的公司业务带来哪些启发：

1. _____

2. _____

3. _____

学习要点： 那些试图帮你变得更好的客户为你送出的是一份大礼。他们是你所能找到的最优质的合作伙伴。

注意事项：

_____

_____

■ 活动 13：第二类投诉者——"我要走了"

对任何客服代表而言，最痛苦的事情莫过于听到客户说

"我要走了，再也不回来了"。你会感觉到手的生意又从指缝间溜走了，而你却无计可施。

"好吧，如果这就是他们想要的，那就再见吧。"这么想无济于事。不要轻言放弃，至少也要试着找出对方离开的原因。

有的投诉者已经打定主意要离开了，不管你做什么都没有用。对方是认真的！他们受够了你的企业，不喜欢你的做法，不认同你的经营理念，也有可能已经找到了更好的选择。他们觉得不再需要你了，所以无论你如何努力，说什么，做什么，对方都会走的。

然而，只要找出他们离开的原因，就依然可以创造价值。不过，要让对方开口恐怕有点难度，因为他们可能已经烦躁得不想再和你多待一分钟了。所以在对方离开之前，一定要尽力获取更多信息。

请君一试: 以下是我们要考虑的问题:

1.压垮这只可怜骆驼的最后一根稻草是什么？他们为什么非得现在离开？为什么他们要用最后这个借口来作为离开的理由？

2.倘若对方不赞同你的做法或理念，他们真正不欣赏的是什么？要是你去追问，可能会得到诸如此类的答案，"你明明可以用纸制品的，但你还在使用塑料"。对此你也无能为力，除非公司高层肯解决这个需求。但是，如果同类投诉的数量很多，就有可能会促成改变。

3. 如果客户要转向你的竞争对手，那么竞争对手赢在哪里？是价格、服务，还是产品的可用性？

学习要点：即使客户不愿再与你来往，他们也依然能为你提供极具价值的信息。

注意事项：

活动 14：第三类投诉者——"网络"投诉者

非常遗憾，有时我们的确对网络客户投诉无计可施。但并不意味着这不值得尝试。

假如客户留下了负面反馈，请认真对待，并尝试联系他们本人。尽量在线下回复对方，以此来减少负面反馈。

这里有一条关键建议——不要屈从于对方的惯用行为。客服代表应尽其所能来维护企业的声誉。

网上的投诉者可以发帖给好评，也可以吐槽给差评。我们这里只讨论恶意的网络投诉者，他们会用咄咄逼人的姿态和故意挑衅的方式来发帖，等待你来回应上钩。这类投诉者会通过煽动性的话语甚至是不真实的信息来发出挑衅、使人不安、博人眼球。有时，这种投诉者就是要毁掉你声誉的竞争对手。

问题是，许多网民都会轻信这类投诉者，这么一来，企业的声誉就会受损，而企业也会失去这些客户。

某些公司会在公开评论之前审查其网站上的留言。但网络投诉者还是知道，只要他们愿意，还是可以去其他平台发表公开评论。不幸的是，差评很容易博人眼球。你可能也听人说过，他们在网上看到过这类人发出的负面评论。而客户通常更愿意相信谁呢？答案显而易见。这就是要尽早阻止这类投诉者的原因。

请君一试：请读一读贾内尔给出的 10 条建议，读完这些建议以后，你觉得要如何保护自己的企业免受这类帖子的影响？

你突然发现有人在网上发布了对你或者你公司的差评，这个评论甚至可以说是十分恶意的。你当然很生气，那么这时你应该怎么做呢？

1.尽量保持冷静，读完这些评论，先不要情绪上头，觉得生气或者沮丧。必要时也可以删掉一些过于恶意的评论，留下一些相对客观的意见。

2. 观察发布这个评论的是哪一种投诉者。是要钻空子的人还是希望你进步的人？对待这两种投诉需要采用不同的方法。

3. 事先撰写一些回复投诉的模板，这样你就可以迅速得体地进行回复。"投诉是礼物"公式是一个很好用的模板。但是要注意，写完回复后要通读一下，看看语气是否有问题。有时候在网上简单地回复"谢谢"都可能显得阴阳怪气。

4. 在公共平台进行回复后，你可以尝试和对方私聊。

5. 在平台上发布声明，任何恶意的言论都有可能被删除。

6. 如果有其他客户看到这条评论，而且自发为你辩护的话，太好了！先不用着急发言，最后确保自己向为你辩护的客户表达感谢。

7. 在回复恶评前考虑一下，你的回复会不会被大家用关键词搜索到。不要让自己的回复给自己或公司带来二次伤害。回复时尽量不要用具体的名字或者公司名，可以用一些笼统的称呼，比如"客服代表"等。

8. 如果对方对你持续进行攻击，那么尽量简洁而笼统地回复，比如"很抱歉，给您带来了不好的体验，下次我们一定有所改进"。

9. 如果最终对方的态度有所缓和，或者问题得到了解决，你可以尝试问问对方能否删除这条差评。同时也不必强求对方再写一条好评。

10. 最后可以感谢对方提出的问题和建议。

请写下你自己的想法。

1. _____

2. _____

3. _____

学习要点：也许你的企业已经安排了特定人员来密切留意网上的这类活动。尽管如此，企业的声誉仍是岌岌可危的。而作为投诉处理人员，你可能也会从其他客户那里听到这类攻击，此时，一定要提醒企业中的相关人员去直接回应这些帖子。

注意事项：

_____

_____

_____

活动 15：第四类投诉者——"钻制度空子"的投诉者

有的投诉者会认为，只要投诉就能获得好处，比如折扣、退款、优惠券或是其他额外的产品和服务，其中有些人甚至会在购买之后立即投诉以获得好处。

这类客户会以一种不易察觉的方式来挑战企业的制度，除非企业建立了大数据库，让投诉处理人员对每个客户的投诉频率和类型都做到心中有数，否则这种情况就会难以避免。有的企业会提供 30 天的退款保证。如果你观察客户的退货模式就会知道，某些人会钻制度的空子，他们会在购入产品 29 天时过来退货，然后再买一模一样的新产品，再在 29 天时再次退货。

有些人在投诉的时候会问："你还能给我点什么？"对方的提问方式是一条很好的线索，它能帮助我们辨别这是哪种类型的客户。有时，如果没能得到额外的折扣或是赠品，他们就会威胁说要在网上到处散播对你和企业不利的传言。

此类客户中有一些是惯于欺诈的人。他们之所以会想方设法钻空子，通常并不只是为了诋毁你的企业，而是试图通过此类活动来打击同行业的一众竞争对手。因为这种活动常会导致大量的营收损失，所以大部分企业，尤其是大型企业，都会对潜在的风险领域进行管控。

一个人人都需要小心翼翼的世界自然算不上是什么美好世界。但作为客服代表，你还是应该知道如何识别和应对这类潜藏在企业内部的投诉者，以减少对企业的打击。

如果某些问题可以帮你辨别眼前投诉者的类型，那么你一定要大胆提出来，但不要攻击那些并无冒犯之意的客户。

请君一试： 如果你看到有人在钻制度的空子，可以找同部门的人问问该怎么做，找找灵感。列出你想交谈的对象，说明你该怎么做才能让客户遵守企业的政策。

1.企业的数据库是否能帮助识别客户的投诉模式？你该找谁谈，他们又会怎么说？

2.企业应对这类客户的策略是什么？大部分企业会"炒掉"这些人，不再与之合作。其他企业可能会把这当成运营成本的一部分，随他们去。那么你的企业希望客服代表怎么做？你该找谁谈，他们又会怎么说？

学习要点： 尽管世界上总会有些人试图钻制度的空子，但你还是要相信，大部分人基本上还是诚实的。也许有4%的人会钻空子，但还是要假定你的客户都是无辜的，别把他们都想象成投机者。不然的话，你对待客户的方式就会因此受到影响，而这终将铸成大错。

注意事项：

活动 16：你的投诉者属于哪一类？

在前几项活动中，我们对四种类型的投诉者做了描述：

第一类投诉者："我想帮你变得更好"

第二类投诉者："我要走了"

第三类投诉者："网络"投诉者

第四类投诉者："钻制度空子"的投诉者

请君一试：你能在实际行动中识别出他们吗？读一读下面四位投诉者说的话，并在表 3-1 中写下他们的类型和你的判断理由。我们会在下一个活动中讨论"行动"这一列，请暂时把这列空着。

表 3-1　投诉者的类型、特征和行动

投诉者	投诉者类型	特征	行动
1号			
2号			
3号			
4号			

投诉者 1 号：你好，哎哟，不好意思，我有点激动。是这样的，我在你们这里买了一条裤子，然后穿着去参加派对了。在派对上我弯腰捡东西，裤子的裆部一下全裂开了，你看看……好多人都看到了……我还是第一次穿这条裤子呢！还好朋友给了我一件外套帮我挡挡，但我还是感觉很尴尬。

你也许知道吧,我在你们这买过好多衣服,出现的问题不多,但是每次出问题都让我很尴尬,就像这次一样。我和你说,我认真考虑了,以后要去对面那家店了。你们做的衣服也差不多,质量嘛,还没试过,但是希望比你们的好吧。总之,我想把这条裤子退了,把钱退给我,我不想再换一条新的了,你说呢?

投诉者 2 号:(此人预约了医生,并已经在候诊室等一个多小时,但有次她因暴风雪天气而迟到了半小时,诊所就要对她罚款 50 美元,因为她错过了预约。她对这个系统很不满意。)你好,我已经在候诊室等了一个多小时了,根本没人理我,也没人告诉我是什么情况,是医生有手术还是别的原因?我等了很久了,我下午还有其他的安排。但是上次我迟到了半小时,你们就要罚我 50 美元,这也太不公平了!我今天在这里坐了一小时十五分钟,可没人给我补偿。我认为你们要改进你们的系统,告诉我到底发生了什么!这是不可接受的,你知道,这座城市里可不止你们一家医疗机构。

投诉者 3 号:你好,我上次在你们这里买了这个碟子,几个星期前吧?我记得你们这里是不是有 30 天退款政策?我这个碟子还没用满 30 天……我之前在做晚饭,正准备把这个碟子从烤箱里拿出来,结果底托突然掉了!希望你不要觉得是我故意弄掉的。我知道这个碟子看起来有些脏,但我希望能换一个新的碟子，因为今天晚上我的朋友要一起过来吃饭，而我真的很想用这个碟子，你看……?

投诉者 4 号：你好，你们提供的服务还有产品简直糟糕透顶，我简直不想说我在你们这儿有多少次糟心的经历了。要是站在山顶喊话有帮助的话，我会这么做的。我希望你把钱退给我，不然我可不知道我会干什么。我觉得很多人都会对你的产品和服务质量如何感兴趣的，我也希望你们能进步呀，但是我觉得不太可能……毕竟我都在你们这买了好几年东西了，所以，你准备怎么办?

你是否能轻松识别出以上投诉者的类型？是立刻就能看出来，还是得看完所有四个人才能做出选择？就算是后者也没关系，至少你还是能分辨出来的。但如果你是在实际中与客户相处，要做到这点就不那么容易了。

与伙伴一同回顾你的答案，看看你们对投诉者类型及其特征的判断是否一致。正确答案见表 3-2。

表 3-2　活动 16 的参考答案

投诉者	投诉者类型	特征	行动
1号	"我要走了"	直接或委婉地说自己要走。 表明了自己要离开的决心。 说自己已经有了更好的选择。 表示"我不需要你了"， 不认可这里的规章制度或者你的处理方式。	

续表

投诉者	投诉者类型	特征	行动
2号	"钻制度空子"	以"我能得到什么"开始对话。 如果得不到自己想要的就开始进行威胁。 搞不清正在商谈的业务内容。 不接受合理的提议。	
3号	"我想帮你变得更好"	对补偿不是特别感兴趣。 希望服务在某一方面有所进步。 希望你了解他的失望之情。 非常清楚自己的诉求。 告诉你他长期使用该服务。	
4号	"网络"投诉者	经常过度抱怨。 言语挑衅。 会选取受众很广的社交媒体平台匿名评论。 多为具有攻击性的威胁。	

学习要点: 客户来的时候脑门上可没有贴标签。有时,他们也会在与客服代表的互动过程中变更自己的行为。这时你会怎么做?"相信自己的判断",这样就好!

注意事项:

_____

_____

_____

_____

🎁 活动 17：与不同类型的投诉者打交道

你是要对四种类型的投诉者一视同仁，还是要着重关注那些想帮你变得更好的投诉者？倘若你能专注于"我想帮你变得更好"的那类人，就能从客户那里得到更多的礼物。这是很有价值的尝试。

但如果你的目标是要学会灵活应对所有类型的投诉者，那也没错！现在你知道了，投诉者的类型不一而足，每个客户的投诉方式也各不相同。

你是否也曾是这四类投诉者当中的一员？或许你曾希望"帮助对方变得更好"，那可能是因为你所遇到的客服代表让你觉得把不满说出来是个正确的选择。你有没有用"我要走了"来威胁过对方？你有没有试图去钻过企业退货政策的空子？为什么？你是否曾为自己的行为辩解过？你有没有在网络上发出过恶意的投诉？产生了什么影响？你确定还想再来一次吗？

关键在于了解自己这样做的原因。这样一来，我们就会更容易理解客户。

请君一试：请转回活动 16，看一看表 3–3 中的"应对行动"一列。填上你可能对每类投诉者采取的行动。你可以参考表 3–3，看一看应对这四类投诉者的其他选择。

表 3-3　应对投诉者的行动

投诉者	投诉者类型	投诉的特征	应对行动
1号	"我要走了"	直接或委婉地说自己要走。表明了自己要离开的决心。说自己已经有了更好的选择。表示"我不需要你了"，不认可这里的规章制度或者你的处理方式。	尝试厘清他们想离开的原因。弄清楚让他们留下需要付出什么。为让他们产生想离开的想法而道歉，因为你想要这单生意！感谢他们告诉你这一点，并解释原因。
2号	"钻制度空子"	以"我能得到什么"开始对话。如果得不到自己想要的就开始进行威胁。搞不清楚正在商谈的业务内容。不接受合理的提议。	认真倾听。语气肯定地告诉他们你会如何进行补偿。如有问题，让经理来和他们交谈，或者告知经理有关他们的情况。解释为何你的提议是合理的。如果你确信他们在钻制度空子，建议他们另找别家。
3号	"我想帮你变得更好"	对补偿不是特别感兴趣。希望服务在某一方面有所进步。希望你了解他的失望之情。非常清楚自己的诉求。想要长期使用该服务。	处事灵活一些，尽量满足他们的需求。使用礼物公式来感谢他们毫无保留地告诉你这些问题。如果他们生气了，将注意力集中在投诉内容，而非投诉语气上。如果他们之后再次选择了这项服务，询问他们是否感觉到了进步或者改变。

续表

投诉者	投诉者类型	投诉的特征	应对行动
4号	"网络"投诉者	经常过度抱怨。 言语挑衅。 会选取受众很广的社交媒体平台匿名评论。 多为具有攻击性的威胁。	尽快回复。 尝试线下沟通。 为他们有这样的反应而表达歉意，但忽视他们的敌意。 记住，其他客户也会看到你的回复，所以要保持真诚。

学习要点：假如我们能在回应投诉者的时候加上一点创造力，工作就会变得更加有趣。人类会做出大量的投诉行为。要是所有人在投诉的时候都千篇一律，那就太无聊了。

▐ 活动 18：对四类投诉者的回应

以下是你能对四类投诉者采取的一系列回应。其中某些行动可能会对一种以上类型的投诉者都有效——也可能对每个类型都无效。

请君一试：请在表 3-4 中每一个潜在行动的左侧写出你所认为的最匹配的投诉者类型。同时指出你判断这种回应可以（或不可以）奏效的原因。

在写投诉者类型时，请使用以下缩写：

"我想帮你变得更好"的投诉者：帮助者

"我要走了"的投诉者：离开者

"网络"投诉者：网络威胁者

"钻制度空子"的投诉者：投机者

表 3-4　投诉者的回应效果检验

类型	回应	为什么这种回应可以（或不可以）奏效
	专注地倾听对方说话	
	打断对方并大笑	
	"如果我有一根魔杖，我要做点什么才能让你留下来呢？"	
	"我们还有哪些需要改进的地方吗？"	
	感谢对方的反馈	
	拒不回答，以免对方得寸进尺	
	为自己的所言所行设定边界	
	在最后制订一个行动计划，告诉对方你要为他们做些什么	
	批评投诉者	
	"我要做点什么才能留住你呢？"	
	解释你为何要感谢对方	

🎁 自我检查：谁在投诉？

你从第三章中学到的有关投诉者的三个最重要的观点是

什么？

1. _____

2. _____

3. _____

人类常为自己的行为辩解，尤其是在他们的所为不那么让自己引以为傲的时候。"网络"投诉者和"钻制度空子"的投诉者会如何为他们的行为辩解呢？了解了这一点，是否有利于你更好地理解这两类人？

网络威胁者：_____

投机者：_____

我们已经界定了四种类型的投诉者。当然，实际类型可能还不止这四种。展开想象，描述一下还有没有其他种类的投诉者。不要把投诉者都看得很消极。考虑一下不同类型投诉者之间的组合，或许你能想出一些对企业业务产生积极影响的搭配。在与他人分享这些想法的过程中，你会变得格外擅长分辨投诉者的类型。记住，投诉者的种类各不相同，越能了解并识别他们，就越知道该如何有效地与之相处。

1. _____

2. _____

3. _____

第四章

投诉之宝藏，
一如礼物之珍贵

投诉的真正价值在于，如果处理得当，客户对组织的感觉会比一开始没遇到问题的时候还要积极。而当客户投诉的时候，我们也能从中学习到经验。

既然投诉能带来这些好处，我们为什么不去寻求更多的客户反馈或是投诉呢？然而，许多企业却在试图消除这座宝藏。

在本章中，我们将探讨投诉是礼物的五大原因。

🎁 活动 19：情绪如何影响你的投诉处理？

我们说投诉是礼物，但事实果真如此吗？

请君一试： 当听到"我有一则投诉"的时候，你会联想到哪些消极情绪？

矛盾	怀疑	愧疚	不安
愤怒	不适	仇恨	恐慌
憎恶	反感	无助	盛怒
烦恼	不悦	敌意	憎恨
防御	不信任	不自信	悲伤

从中选出两种情绪，并写出这些消极情绪会对你的投诉处理有何影响。

消极情绪 1：＿＿＿＿＿＿＿＿＿＿＿＿＿＿＿＿

影响：＿＿＿＿＿＿＿＿＿＿＿＿＿＿＿＿＿＿＿

消极情绪 2：＿＿＿＿＿＿＿＿＿＿＿＿＿＿＿＿

影响：＿＿＿＿＿＿＿＿＿＿＿＿＿＿＿＿＿＿＿

假如我们列出的是积极情绪而不是消极情绪，你又会有什么反应呢？当听到"我有一则投诉"的时候，圈出你联想到的所有积极情绪。

开心	关怀	愉悦	自在
期待	好奇	能量满满	干劲十足
欣赏	激动	希望	骄傲
惊叹	慷慨	振奋	忘我
镇定	感恩	有趣	惊讶

从中选出两种情绪，并写出这些积极情绪会对你的投诉处理有何影响。

积极情绪 1：_____

影响：_____

积极情绪 2：_____

影响：_____

学习要点：情绪状态会影响我们对投诉的反应，所以，培养积极的情绪会给我们带来帮助。

寻求积极的一面并非总是轻而易举的。有时，投诉虽然是份礼物，但它的包装丑陋不堪，上面还遍布荆棘。但重要的是，不要以貌取物，要探寻那些能帮助我们改进的经验。

注意事项：

_____

_____

🎁 活动 20：投诉是礼物的五个原因

在首次探索"投诉是礼物"的概念时，我们主要关注的是这一概念的两个方面。一方面，投诉是最划算的市场研究工具，它会告诉我们客户的喜恶。另一方面，投诉涉及客户忠诚度，如果你能处理好客户的投诉，他们往往就会坚持与你合作。

十年后的今天，我们又给这个优点清单加上了几条内容。投诉是礼物，主要有以下五个原因：

投诉能定义客户的需求。

投诉能帮助筛选出忠诚的客户。

投诉是我们触手可及的最划算的营销工具。

投诉意味着客户依然愿意与我们对话，而不是去找别人吐槽。

如果我们能将投诉处理得当，就能留住客户。

请君一试：想一想"投诉是礼物"的五个原因。如果你把这些原因看作优势，它们会不会改变你处理投诉的方式？

_____

_____

请在学完本章后再次回顾一下这五个原因。它们对培养"投诉是礼物"的思维方式至关重要。

比如，想象你面前就站着一个投诉客户，而此时，上述五个原因从你心中流淌而过。抱有这些想法，你就不会做出这样的预设：客户脾气暴躁就代表他们并不欣赏你为解决问题所做的努力。如果消除了这样的偏见，你的态度又会是怎样的呢？你对客户的态度会发生怎样的变化？

注意事项：

_____

_____

_____

🎁 活动 21：投诉定义了客户的需求

作为一个消费者，你是否曾产生过很好的商业想法呢？也许当时你是这么说的："嘿，你为什么不……"

我们来举个例子。贾内尔买了一个很贵的咖啡机，她很喜欢。但不幸的是，几个月后，装咖啡的玻璃水瓶碎了。玻璃很脆，她清洗的时候把它弄碎了。

这个玻璃水瓶是咖啡机上最便宜的一个配件，所以贾内尔觉得要在亚马逊购物网站上找到替换配件应该不是什么难事。

但结果却完全不是这样。当然了，玻璃水瓶确实是生产商制造出来的，否则也做不出咖啡机来。但是，亚马逊网站和生产商却都不出售可替换的玻璃水瓶。

接着贾内尔注意到，并不只是她有这个烦恼，好几十个用户都反映过同样的问题。他们并没有责怪生产商或是亚马逊网站，他们只不过想买个新的玻璃水瓶来替代之前碎掉的那个而已。

请君一试：想象一下，你是负责处理玻璃水瓶投诉的客服代表。如果有个客户打电话来，说他遇到了和贾内尔一样的问题。其实全公司上下都知道这个问题出现过多次，你也知道，毕竟网络评价里到处都是这样的吐槽。所有遭遇了这一问题的客户都给了你们的咖啡机很低的评分。

你会怎么回复这些客户呢？你也不知道公司是不是会开始出售替换装的玻璃水瓶，但客户确实有这个需求。请把你的想法写在下面的横线上。

_____

_____

和伙伴讨论你的想法，问问他们对你的回答是否满意。如果他们不满意，问问你要怎么做他们才会高兴。把他们的意见写在这里。

_____

_____

基于伙伴的意见，你会对来电客户说些什么？把它们写下来，再和伙伴确认你的调整策略对他们是否奏效。

思考一下：当你从客户那里了解到类似的产品或服务问题时，你该告诉公司内部的哪些人？

■ 活动 22：投诉筛选出忠诚的客户

福布斯理事会（Forbes Councils）是一个仅面向受邀者的组织，它从其商业成员处获取可靠的建议。下面是来自该理事会成员之一的案例："我发现，企业最忠诚的客户往往更有可能在第一时间进行投诉。这部分人已经表现出了一定程度的品牌黏性，他们对品牌足够关心，甚至愿意主动花时间来建立联系。"

这说的是不是你？当你投诉时，是不是说明你其实是一个比别人更忠诚的客户？

请君一试：想一想你超级讨厌的某项服务或是产品。第一次从这家企业购物的时候，你觉得这次购物算是失败了。

如果你第二次在这里下单还是这样，你就会失望透顶，然后头也不回地走开。

你投诉的可能性有多大？请圈出符合你情况的数字。

1　2　3　4　5　6　7　8　9　10

不太可能　　　　　　极有可能

我们稍微改变一下情境。你在某家企业消费已有几年的时间了，你很喜欢那里的员工，也喜欢品牌本身及其产品和服务。但上次在那买东西的时候，你遇到了一个问题。

你会费心去投诉吗？请圈出符合你情况的数字。

1　2　3　4　5　6　7　8　9　10

不太可能　　　　　　极有可能

你对这家公司或品牌的期望是什么？

_____

_____

_____

_____

当客户前来投诉，倘若假定对方是你们品牌的忠实粉丝，会不会更有利于你开展工作？想象一下，对方的额头上贴了标签，上面写着他已经在你这里买了多少年的东西，或是已经在你这里花了多少钱。这些数字会告诉你该客户对你价值几何。

注意事项：

_____

_____

_____

🎁 活动 23：投诉是划算的营销工具

企业会将其预算中的很大一部分用于了解客户并向其营销。他们会使用各种工具，包括焦点小组、平行行业的消费者期望审查、交易研究以及神秘购物者。如果你不是市场营销行业的从业者，或者你不认识这些术语，请不必担心。

你要了解的重点在于，投诉处理是一个动态进程，而且它是实时发生的。大企业会使用上面列出来的这些工具，这是很有必要的。但中小型企业就得靠客户来直接反馈他们的想法。以上所列出的工具都不如投诉处理更能拉近客户与你的距离。如果你能在处理投诉时询问客户，他们就可能会告诉你一些非常具体的事情。这很有参考意义，因为它们都是在现实情境中发生的。

我们可以用一个有点久远的例子来说明这一点。20 世纪 80 年代中期，可口可乐公司研发了新型可乐。但当新型可乐取代经典可乐的消息被发布出来的时候，人们纷纷拨打可口可乐公司的投诉服务热线，表达对经典可乐被取代的不满。人们还去可口可乐公司的亚特兰大总部抗议，并威胁说以后再也不买可口可乐公司的产品了。尽管在调查及口味研究中，新型可乐都以高分通过，但客户们还是觉得自己遭到了背叛。毫无疑问，营销研究有其价值，但还是比不上直接把握消费者喜好的脉搏来得有效。

请君一试： 问问你所在企业营销部门的人，他们是否听过客户的投诉？为什么有，或者为什么没有？如果他们说自己在焦点小组中听过，那还不算，这两者是有区别的。对于"投诉处理是一种营销工具"这一说法，他们怎么看？

_____

_____

注意事项：

_____

_____

_____

活动 24：客户来投诉，代表他们依然愿意 与你对话

你是否曾遇到过这样的冲突：你和另一个人对彼此都

很不满，以至于你们选择了暂时不去沟通。这种情况之所以会发生，可能只是因为一些小事，比如某个人忘了在下班回家的路上去杂货店买箱牛奶，或者某个人忘记了昨天是你的生日。

接着发生了什么呢？

我们曾和一些人谈过，他们拒绝与亲密的人进行沟通，这种冷战状态有时可能会持续几年的时间。如果两个人长期不沟通，可能也就意味着这段关系已经结束。在家庭成员之间，当成年的兄弟姐妹或父母子女之间不再进行对话的时候，家庭聚会的氛围也会变得很尴尬。

但要是情况反过来呢？你会和家人说话，但总是一说就吵起来。这两种情况哪个更好：是根本不说话，还是一说就吵起来？当然了，要怎么选，决定权在你手中。

人与人之间最终都是要相互沟通的，否则任何关系都会走到终点，所以也许说话总比不说话要好一点。我们来把这个原则应用到客户身上。

当客户拒绝沟通的时候，你和他的关系会发生什么变化呢？如果他们不肯把不满告诉你，就可能会告诉其他人。一旦这种情况发生，你觉得他们还会说出什么对你有好处的话吗？很可能不会。你更希望他们向谁诉苦呢？是向你，还是向整个市场？

选择权在我们手中。虚心倾听，向客户要反馈，哪怕他们刻薄又充满敌意。

学习要点：如果客户怀着不满向你投诉，至少代表他们仍愿与你对话。庆幸吧！

注意事项：

■ 活动 25：投诉会给你留住客户的机会

你的客户留存率有多少？请市场部或客服部的同事来帮你回答以下问题。

你所在的企业每年会有多少客户因为产品或服务质量差而流失？由此所导致的收益损失有多少？有个大致的估算就行。企业（或部门）每年要吸引多少新客户才能摊平这笔损失？

这些数据非常重要，它们会告诉我们企业每年损失的资金是何等的可观。

你是否曾有过某些情况消极而体验积极的消费经历？研

究人员发现，在航空业、酒店业和餐饮业中，有近 25% 的受访客户的积极体验始于服务交付的失败。对销售昂贵商品的企业来说，这个数字也许稍有不同，但研究所提出的观点依然值得我们注意。

学习要点：想一想，你有没有过什么情况消极而体验积极的个人经历？当时发生了什么？你现在如何看待这件事情？投诉处理者做了哪些努力，让你对事件的评价变得积极了？

_____

_____

🎁 活动 26：如何获得更多投诉？

我们已经列出了投诉是礼物的五个原因。接下来我们该考虑一下，如何才能获得更多的投诉。

你应该鼓励更多的客户积极表露心声，让他们来告诉你怎样才能做得更好。即便客户的建议最终没有得到实施，他们也能参与进来，感到与你之间建立起了联系，并发出信号，告诉你他们期待你的改进。

请君一试：如何才能获取更多投诉？请在下方横线上分享你的想法。

1. _____

2. _____

3. _____

4. _____

5. _____

直接问客户，在什么情况下他们才会感觉自在，并且愿意给你更多反馈。你可以告诉对方你收集这些信息是为了参加研讨会，这样他们会更愿意帮你。

1. _____

2. _____

3. _____

4. _____

5. _____

我们在这里给出四个能够获得更多客户反馈的方法：

1. 抓住一切机会询问客户的想法（比如他们关于你的产品、服务、定价的想法）。以请求客户提供意见的方式与对方之间建立心理连接，这就相当于在说"我重视你，我想尽可能地去了解该如何帮助你"。

2. 我们在这本实践手册中多次提到，要把客户的评论记录下来，以此来告诉对方"我会认真对待你的意见"。认真倾听会传递出一种重视对方的信息——尤其是在你向他们征询改进意见的时候。

3. 在客户分享过反馈意见之后，一定要问："你还有什么其他想跟我分享的吗？"这代表你并不恐惧对方的反馈或投诉。

4. 假如你从客户那里得到了一个可行的好想法，一定要向他们表达你的欣赏与感激。当然，这些话不能只是说说而已，你得真的相信。

请君一试：在你下次与客户进行对话时，尝试上述某个或是全部四个方法，看看对方是否愿意送你一份额外的礼物。这些想法都引发了哪些事件和变化？

想法 1：_____

想法 2：_____

想法 3：_____

想法 4：_____

注意事项：

_____

_____

🎁 活动 27：组织为何收不到投诉？

大公司的破产会给其员工、客户和股东带来极为痛苦的体验。泛美航空公司（Pan American Airways）的陨落就是一个典型的商业悲剧。它自诩为"全球经验最丰富的航空公司"，但在其他人眼中，它却是"全球最傲慢的航空公司"。

这家航空公司存在了六十余年，曾是全球最大的航空公司，也是航空业中的一颗明珠。泛美航空公司创造过世界纪录，还推出了波音747飞机。该款飞机主要用于国际航行，所以泛美航空公司也从未在美国国内市场中使用过它。对高燃油成本的预期不足及管理缺陷是导致该公司破产的一个重要原因。1991年1月，泛美航空公司履行了破产程序，并被出售给了联合航空公司（United Airlines）。

泛美航空公司的品牌很强，尽管它已经破产，但影响力还在。曾有别家航空公司试图使用这个名字再次将它带上蓝天，但全部失败了。尽管如此，"泛美航空"这个名字仍然意义非凡，它俨然以一种文化遗产的姿态，成了航空史上最不同凡响的品牌名称之一。

这家公司在运营末期事故频发，每天都要亏损约500万美元。乘客们对泛美航空公司在解决客户问题上的无能感到厌倦，久而久之，人们也就不再乘坐该公司的航班了。

在泛美航空公司被出售给联合航空公司之前，它的一位工作人员写信给一家主流报纸的编辑说："泛美航空公司的服务烂透了，乘客们都懒得投诉。他们知道就算投诉了也没有下文。"信中提到，泛美航空公司的一架747飞机曾载着一堆乘客去参加一个为期一周的全包式度假活动。结果，飞机晚了一天才到达度假村，而且乘客的行李也全弄丢了。

据这位沮丧的员工所言，即便是这样，也没有一个乘客进行投诉。

在泛美航空公司运营的最后一年，贾内尔曾乘坐过它的国际航班。她以亲身体验证明了传闻所言非虚。泛美航空公司对客户的懈怠是显而易见的，尽管它曾经声名远播，但它所提供的服务已然配不上这样的虚名。乘客没有动力投诉，机组成员也懒得回应。

学习要点：假如企业所提供的产品或服务与其承诺不符，那么即便它们曾经美名在外也无济于事。如果不做改进来留住忠实客户，那么不管企业有多知名，客户都会放弃投诉，进而放弃该企业的产品或服务。

请君一试：想一想，有没有哪个品牌是现在看起来形象不错，但你感觉它好景不长的？发生了什么，让你产生了这种想法？这种思考会告诉我们处理投诉有多重要。

_____

_____

注意事项：

_____

_____

📦 自我检查：投诉之宝藏，一如礼物之珍贵

在投诉是礼物的五个原因中，你认为哪一个最重要？为什么它对你的企业来说是最重要的一个原因？

_____

_____

当客户谈论他们的不满时，你应该问些什么问题来了解对方的需求？

_____

_____

对于长期投诉的客户，你应该问些什么问题来了解他们离开企业的原因，或者了解你要怎样做才能让他们留下来？

_____

_____

对于那些不打算再回来的客户，你应该怎么说？什么样的表达或许能令对方回心转意，愿意再给你的企业一次机会？

_____

_____

第五章

礼物公式

前文提到过的维多利亚说得好："投诉就像牡蛎——虽然外表不怎么出众，但撬开壳，你会发现漂亮的礼物——一颗宝贵的珍珠。"

"投诉是礼物"是一个非常抓人眼球的标题。我们在看到或听到即将到来的投诉之时，通常并不会冒出这样的想法。然而，客户的意见是有价值的，尤其在他们感到不满的时候。我们把这种价值称为礼物。

我们已经理解了何为投诉，知道了谁在投诉，也探讨过投诉为什么是礼物。接下来，我们会去探索如何找到这些礼物，以及如何获得更多礼物。我们会从礼物公式（Gift Formula）开始，在收到投诉时，你可以用它来回应客户。

🎁 活动 28：像生日礼物一样的投诉

我们来把事情搞清楚。客户投诉中的礼物并不像生日礼物那么让人欣喜，称其为"礼物"，只是一种隐喻。坦白说，我们在听到投诉的时候会很失望，或者说应该感到失望，因为这意味着客户的期待没能得到满足。有时这些投诉很难解决。那么，为什么我们要用礼物公式来强化"投诉是礼物"的想法呢？投诉中的礼物，就是与客户之间的沟通，只要我们积极与对方沟通，就有助于解决他们的问题，并让对方感到满意甚至愉悦。

当投诉发生时，事态会如何发展，取决于你用怎样的思维模式来看待它。在处理投诉时，这比其他任何事情都更重要。不要急于下判断，比如认为："这些客户就不能快点说吗？""我还得向他们解释多少次？"只要你能将投诉视为机会——也就是一份礼物——就会带来帮助，你也就能看到这份礼物的真实模样。

这种思维模式是需要发展和培养的。让你的队友们都按照"投诉是礼物"的思维模式来说话，你就会看到成效。要在每个会议上、每面墙的海报上，在所有有关客户服务的对话和教培课程中去强化这种想法，这会让思维的塑造变得更加容易。

请君一试：你能做点什么具体的事情，来强化将投诉视为礼物的思维模式？请在下方横线上写出一件这样的事。

_____

_____

如何才能在全体同事心中强化"投诉是礼物"的思维模式？列出三种方法。

_____

_____

你也可以做些个人努力，使企业的一切政策、运营体系、沟通系统、使命、愿景和价值观都支持投诉友好的管理理念，进而强化"投诉是礼物"的思维模式。在下方横线上列出你能做的努力。

_____

_____

_____

学习要点：要接受"投诉是礼物"的理念，思维模式至关重要！

注意事项：

_____

_____

_____

🎁 活动 29：什么是礼物公式?

想象一下，你的好友带着包装精美的礼物来给你庆祝生日，这时你会尽己所能来展示收到对方的礼物你有多么高兴。寒暄过后，你会立即送上感谢。"哇！谢谢你。谢谢你记得我的生日。但你知道的，你其实不用给我带礼物。"

假如你打开礼物，发现那是你最爱的糖果巧克力，你会怎么说? 也许你会说："哇！谢谢你，我太高兴了！我都几个月没吃过这种糖果了！你真是太周到了。这下我每吃一颗时都会想起你。我说，咱们为什么不现在就吃一颗呢? "

好吧，也许你说的不完全是这些，但差不多就是这样。

现在设想一下，你在客服中心处理有关手机产品的问题。有个客户打电话来投诉："我叫山姆·约翰逊，这是我新买的手机，可那信号简直不像话。网络一直断线，但你们还在广告里宣称自己的信号最可靠。还有些其他问题，我就不多说了，不过我也不意外就是了。"你会说"谢谢你打电话告知我们这件事，你太体贴了，我很感激"吗？大概不会。

但是，我们在收到生日礼物的时候，会毫不犹豫地说"谢谢"。为什么呢？

我们之所以会谢谢朋友，是因为他们花了时间去准备我们心爱的东西。那投诉客户呢？他们是朋友还是敌人？他们中的大部分人到底想要做什么？

这就好像他们送了我们一盒巧克力，包装上写着："认真听我说，好好对待我，我会继续做你的客户。"

对待这样一份礼物，你不会回复说："走开。我上个月已经吃过一盒这样的东西。现在我正在减肥，不想再吃了。我都胖死了。"

在处理有关产品或服务的投诉时，许多客服代表都会先问一连串的身份识别问题。"你叫什么？怎么拼写？你的电话号码是多少？这是你的手机吗？你的电子邮箱是什么？你的地址是什么？你是什么时候开始使用这项服务的？你手机的产品号是多少（顺便说一下，它就在包装盒的底部，那有一行小字，你得用放大镜才能看清楚）？你的月度账单在手边吗？你上次付款是什么时候？"

电话公司的客服代表可能会叹息着怪罪天气："很多人都反映过这个问题，但这是因为刮了大风，网络才不稳定。"或者他们也可能会攻击自己的公司："手机信号掉线是家常便饭，但就像我们正在处理的很多其他问题一样，这也不是我们能控制得了的。"

如果客户足够幸运，他们会得到一个道歉。不过，很少有客服人员会一上来就说"谢谢"。

你在投诉的时候，有没有听过客服代表一开头就说"谢谢"的？恐怕没有，这很罕见。如果你有过这种经历，请审视一下自己当时的感觉。

有些投诉处理人员可能会在谈话结束时才说"谢谢"，但那时候客户很可能已经火冒三丈了，再说谢谢也无济于事。

大部分人都认同，一个人人都将投诉视为礼物的世界，会是非常美好的世界。可大多数投诉处理者都觉得应该改变的是客户，他们的态度应该更亲切些才好。

但要是我们能学会对客户亲切些呢——不仅对那些正在下单的客户，还有那些前来投诉的客户。如果我们能学会心平气和地接受来自朋友、同事和家人的反馈，又会怎么样呢？不要等着别人做出改变，要先改变自己。

请君一试：当收到一份你不想要的礼物时，你会怎么做？你会说什么？你可能会怎么想？

注意事项：

_____

_____

活动 30：礼物公式概览

我们将礼物公式的概念组织成了一系列的分步步骤，对照查找，你就可以判断出自己的投诉处理进展到哪一步了。尽管这些步骤有先后之分，但在某些情况下，你也可以变换每一步的顺序，或者用自己的话来替换这些建议性的表达。不过，最有力的开局方式，始终是先简单地说上一句"谢谢"。

你也可以把这些步骤结合起来，我们也听过一些很好的措辞组合。但是，在首次使用礼物公式时，你还是要尽量按照下述方案来执行。不过，我们的目的是提供指导，而不是给你一个剧本让你照着演。

礼物公式可拆分为三个主要步骤，某些步骤中还包含一些子步骤。

1.通过建立融洽的关系来回应对方。

（1）从"谢谢"开始。

（2）简要说明你为什么对客户的表述感到高兴。

（3）简短但真诚地道歉。

（4）告诉客户你会怎么做。

2.通过解决对方的问题来恢复服务。

（1）请求对方提供信息。

（2）尽快解决这个问题。

（3）跟进满意度。

3.在组织内部解决这个问题，避免再次发生。

如果你熟读过《投诉是礼物》一书，那么你可能记得之前是有八个步骤的。后来我们与一家大型邮轮公司合作，船上大多数船员的母语都不是英语，于是我们发现改成三个步骤会更便于对方记忆。所以，我们在这里将八步精简成三个步骤。还是原先的内容，只不过更好记忆。

请君一试：记住你要怎么做才能把投诉当成礼物，请重复这三个步骤及其子步骤，直到你能背出来为止。

注意事项：

_____

_____

🎁 活动 31：用说"谢谢"来回应

"融洽的关系"（rapport）出自一个法语单词，它的意思是在人与人之间创造出一种彼此理解的关系。当你与某人建立起了融洽的关系，你就能与对方友好相处，也就有可能展开合作。

如果你能在投诉处理中与客户共享融洽的关系，就能帮助推动事态进展。当客户心情不好时尤其要创造这种感觉。在这种情况下，越快建立起融洽的关系，对彼此就越好。

如果你与同事或邻居关系融洽，那么即便你犯了小错也没关系。只要你把问题解决了，对方就不会攻击你。在客户投诉里也是一样。如果你能首先与客户建立起融洽的关系，对方就会了解你是来帮忙的，也就能毫无敌意地分享自己的不满。

处于融洽关系中的人通常开放、包容、乐于合作。他们有信心，知道你会照顾他们的感受，这会给投诉的处理创造一个良好的开端。下述有关礼物公式的四个步骤会帮助你与别人建立起融洽的关系：

- 说"谢谢"。
- 简要说明你为什么对客户的表述感到高兴。
- 简短但真诚地道歉。
- 告诉客户你会怎么做。

以上四个简要步骤都是有关建立融洽关系的，它们会为你的客户投诉处理过程创建良好的开端。

记住，你是在接受一份礼物。当你收到礼物时，即便那是一份你不想要的礼物，你也要说"谢谢"。

我们明白，一上来就说"谢谢"，会让人感觉有点别扭，尤其是在客户看起来不太高兴的时候。

但是客户并没想到你会说"谢谢"。所以如果你说了，就会产生出其不意的效果。通常，对方脸上会展露惊讶的神情，然后他们可能会说"不客气"。毕竟，用"不客气"去回应"谢谢"，是常规搭配。

在几乎所有的语言文化中，听到"谢谢"之后，似乎都要以某种形式的"不客气"来做回应。这是人们在沟通交流中建立起来的一种约定俗成的礼仪。我们没有数过具体数目，但的确有不少人向我们描述过愤怒的客户在听到他们说"谢谢"之后是如何神奇地安静下来的。

请君一试：下次你再听到有人投诉，要先给对方机会把话说完。但只要他们一停顿，你就要说"谢谢"。我们会在下一个活动中告诉你具体该怎么做。

注意事项：

_____

_____ _____

_____

活动 32：建立坚实的友好关系

融洽的关系并不难建立。当人们期望保持和谐与善意的感觉时，就是在建立融洽的关系。

作为客服代表，你不要只是等待客户来找你建立关系，而要主动迈出第一步。

请君一试： 融洽的关系可经由多种途径建立。请列出四种能帮你和客户进入融洽关系的方式。我们先列出了"微笑"，这是建立融洽关系最简单的方法。当一个人对你微笑，他看起来就像是会把你的最大利益放在心上。微笑能让人在不悦时卸下防备。

1. 对客户微笑。

2. _____

3. _____

4. _____

要建立融洽的关系，说"谢谢"是很好的开局方法。尽管这并不足以解决投诉，但它能为关系的建立打下基础。

当你为客户解决问题时，对方就会产生良好的情感体验——也就是说，他们会重新体验到首次购买时的那种感受。但为了让其成为你的长期客户，你还要超越最初的感觉，要让对方的体验更上一层楼。尝试着去表达你的感激之情。

你得说说听到对方的投诉意见对你而言意味着什么，以及你为何欣赏这些反馈。只说"谢谢"，听起来就会让人感觉是在嘲讽或是照本宣科。

比方说，对方分享的信息能帮你更好地解决这个问题或完善服务流程，以确保其他人不会再遭遇相同的麻烦。你可以说"谢谢你说出来""谢谢，真高兴你能告诉我，这样我就能为你解决掉这个问题了"，或者简单点，"我们能做得比这更好。谢谢你让我知道"。

完整的话术大概是这样的："谢谢你告诉我这个问题。你都想象不到，有多少客户在心有不满的时候一言不发就走了，而我们大概也就失掉了那些生意。接着，他们会把自己的经历广而告之，也不给我们机会弥补。我们绝不愿意你也成为他们中的一员。如果有能力留住你，或许就代表我们也有能力更好地服务其他客户。正因如此，我们真心感谢你能不怕麻烦地花时间过来，并说出这些。我们打从心底里觉得感激。"

"投诉是礼物"的思维模式大概可以完整地如上进行表述，但在实际运用中，不要把这些话一股脑地都说出来，你可能会把客户吓跑的！不过你可以照这个逻辑去组织语言。

接着，你要认真道歉。最后，要告诉客户"我会处理好你的问题，难道你不想听听我的解决方案吗？"

学习要点：记住，你不只是在为客户解决问题。你要解决对方的情绪障碍，让他们感到满意，这样他们才会愿意回来。

注意事项：

🎁 活动 33：道歉很重要

《全美消费者愤怒研究报告》(*National Customer Rage Study*) 调查了消费者在投诉时最希望得到的东西：75% 的人说想要一个道歉，但其中只有 28% 的人真正收到了道歉。

在客户来投诉的时候，即便客服人员真的道过歉，他们也可能根本听不到。但歉意若不能被听到，就还不如不说。客户之所以听不到，可能是因为他们在投诉时太过沉浸其中。这也是为什么客服人员在写信回应投诉时，最好能在信件开头先道一次歉，然后在结束部分再道一次歉。

注意，不要过度道歉。一所商学院曾进行过道歉研究，它们发现在客服中心，最能激发客户信心的客服代表确实会道歉，但不会反复道歉。他们会在同一通电话里说个一两次，然后就不再说了，因为这会成为客户的负担，客户会感到自己不得不说些话来回应这种歉意，比如"没关系，不要紧"。这会让客户觉得是他们在照顾客服代表的情绪，而不是被对方照顾。

许多组织都会告诉自己的员工要先去道歉。你的企业会这么做吗？我们认为还有更好的方法。

请君一试：如果组织中有人告诉你在处理投诉的时候要先道歉，可以问问他为何会做出这样的决定。你可以告诉对方，我们的这个项目里推荐了一种更好的方式——先说"谢谢"。

从"谢谢"开始，就能在说话的人和听话的人之间建立起一条有效的沟通链（communication chain）。人们在听到"谢谢"时，会产生一种有人会来为我做点事情的感觉。

但当听到"我很抱歉"时，我们会感觉这就是自己能收到的全部补偿了——而对方之所以肯来道歉，也就是出于这个目的。

你当然可以道歉，但不要一上来就道歉，要先建立融洽的关系。

请君一试：道歉对你而言意味着什么？当别人说出"我很抱歉"的时候，会对你产生什么影响？列出你在听到道歉时的三种积极反应。

1. _____

2. _____

3. _____

说"我很抱歉"会带来什么消极后果吗？客服代表的措辞方式会对客户产生影响，所以我们得了解这些说法的积极面和消极面。列出你在听到道歉时的三种消极反应。

1. _____

2. _____

3. _____

学习要点：道歉并不只是一堆辞藻的堆砌，它有特殊的意义。对许多客户来说，这是他们在投诉时收到的最重要的东西。但它也有被过度使用的风险。

注意事项：

_____

_____

_____

🎁 活动 34：道歉的力量

歉意中蕴含着一种形式特殊的分享。它会为客户提供理由，使他们更能谅解我们的服务问题或产品问题。

对有些客户而言，要让他们继续与我们合作，就得给对方理由来原谅我们。这就是必须道歉的原因。如果缺了这个谅解的流程，那么在让往事烟消云散的过程中，对方的内心就会挣扎万分。

社会心理学家认为，原谅是保持关系牢固的最基本的过程之一。倘若客户因为没有听到歉意而拒绝谅解我们的过失，那么他们就会犹豫到底是否要回来与我们继续合作。或者，即便他们回来了，手里也会攥着把柄。这样一来，我们就容易再次得罪他们，而我们也永远不会知道自己究竟是哪里惹怒了对方。

许多客服代表会认为，客户之所以怒气冲冲，只是因为他们当时心情不佳。他们可能并没有想到，对方的心中仍藏着旧怨。因为他们从未因自己所受的遭遇而从我们——或从我们的同事那里——得到过一份道歉。

请君一试： 对你而言，真诚地向对方致歉是一件很难的事情吗？我说的并不是草草了事的一句"对不起"而已，我是指向客户或其他人真心实意地道歉。请在下方圈出符合你情况的选项，来描述你做这件事的难度。

容易　　　不太容易　　　困难

🎁 活动35：道歉对我而言意味着什么？

有的人认为，如果道了歉，就意味着他要对发生的事情负责。客服代表可能也意识到了客户是希望听到歉意的，但在听到某则具体的投诉时，比如"这个东西在我还没拿到家的时候就坏了"，他们心中会冒出的想法可能是"我为什么要道歉？东西坏的时候我甚至都不在那里"。

请君一试： 如果不做防御性的反应，你可以对自己说些什么？例如，你可以反过来想"我在不在现场并不重要。客户确实受到了影响，而我可以为此道歉"。在下列情况下，你会做何回应？

● 如果不说"这不是我的错，是我同事的责任"，我可以说：

_____

● 如果不说"我为什么要道歉？他们对我太苛刻了"，我可以说：

_____

● 如果不说"这只是个小问题，不用道歉"，我可以说：

_____

当服务提供者通过道歉表达了对客户的关切，交易双方就会产生一种共情，而这会成为整个沟通过程中重要的一部分。

道歉之所以会产生美妙的功效，是因为"对不起"这句话具有神奇的魔力，大部分人在听到它的当下就会向你传递出一种信息，让你感觉事情已经有了转机。此时，大多数客户都会回应："瞧，没事了。我知道这也不是你的错，是系统的问题，不过你能来道歉，我还是很高兴的。"

但是，你在说这些话的时候，必须是真心实意的。没什么会比一句虚情假意、不得已才说出的"对不起"更能破坏气氛。

在投诉处理业务中，假使你不能对那份歉意感同身受，或是无法与客户产生共鸣，最好就别说"我很抱歉，请允许我向您道歉"这样的话。

注意事项：

_____

_____

_____

🎁 活动 36：现在就修复关系！

完成这项工作需要你从客户那里获取一些信息。现在你已经与对方建立了融洽的关系，所以，客户也知道你会跟进事态的进展并为他们做点事情。不过，你还需要获取更多信息。"为了更好地为你服务，能否麻烦你提供一些信息？"

不要说："我需要一些信息，否则我帮不了你。"此时，你才是那个需要帮助的人，而客户则是那个为你奉上礼物的人。你已经向对方表达了感谢，也说了你为何觉得感激，又因何而感到抱歉，还承诺了会向对方提供帮助。

尽量获取你所需的信息，确保该问的都问到了，否则你就还得再来麻烦对方。有时，你会在问询的过程中了解客户的真实困扰。他们也许说过自己为什么烦心，也觉得自己总结得够准确了，但在问过几个问题之后，你们或许都会发现实际症结并不在此。双方在这一步中的讨论往往能够真正地解决问题。

要尽量迅速地解决客户的投诉，要尽可能地告知对方事情进展到哪一步了。

请君一试：下次你再与客户互动，并且解决了对方的问题之后，问一下："你觉得满意吗？是不是所有问题都处理好了？我们还能再做点什么吗？"把以下问题的回答记录下来：你问完上述问题之后，客户做出了什么反应？

注意事项：

_____

_____

_____

🎁 活动 37：企业需要做好决定！

同样的问题不再发生，这不是很棒的事情吗？

当你与客户建立了融洽的关系，并帮助对方解决了特定的问题之后，你和组织就需要从这些经验中吸取教训。毕竟你也不想耳边总被同样的投诉反复萦绕，所以，现在是时候去管理它们了。之前，你靠建立融洽的关系以及解决问题来处理了投诉，现在，你需要管理投诉，谨防它们再次发生。

这个问题是如何发生的？在与客户谈过之后，你可能已经大概有数，知道应该做些什么了。毫无疑问，问题是由人所导致的，但又是何种流程引发了这一错误呢？

要找出问题的根本原因，这样投诉才会真正地成为礼物。正如位于加利福尼亚州库比蒂诺（Cupertino）的惠普公司客户满意度部门的一位高管所言："我们可以说自己一直以来都在倾听，但直到我们采取行动，问题才算是真正得到了解决。"

在解决问题的时候，不要只是盯着某个具体的客户，而要站在所有客户的立场上，为整个企业纠偏。如果你有什么想法，就去和你的管理者分享。去发现问题，纠正错误，创造收益。

请君一试：列出你收到的三个最常见的投诉。看看同事们是否同意你的选择。

1. _____

2. _____

3. _____

注意事项：

_____

_____

_____

活动 38：真心说"谢谢"

"谢谢"二字为何具有如此神奇的力量？许多研究指出：感激之情会促使人脑内分泌一种神经递质，使人感觉良好。这在施者与受者身上都能产生作用。

要让大脑分泌这种神经递质，"谢谢"就必须是真心实意的。想一想，你的道歉足够真诚吗？

请君一试：使用礼物公式，并邀请两位同事或家庭成员给出即时反馈（表5–1）。问问对方你的"谢谢"听起来真诚与否。如果他们觉得不够真诚，问问为什么。把他们当作教练，不断练习，直到你的谢意能够从心而发。

表5–1　反馈表

反馈提供者	评论
工作伙伴 1	
工作伙伴 2	
家庭成员 1	
家庭成员 2	

注意事项：

_____

_____

_____

🎁 活动 39：与客户保持联系

如果能遵照礼物公式的每一步来执行，你对企业业务的参与就会更加充分。你正在学习的是一条金科玉律：要想在商业上取得成功，就得满足你的客户。无论你这一生会从事哪些工作，只有遵循这条铁律，才可能获得成功。

请君一试： 选择一位你曾服务过的客户，来跟进他的投诉。你可以给对方发封电子邮件或打个电话。也许你可以给他提个醒，告诉对方你会联系他，并确保他的问题能得到妥善处理。

给对方打电话或发电子邮件，就说你之所以联系他，是想确认投诉处理是否一切顺利。你的做法会让对方备感惊讶。如果他的问题还没得到解决，你可以再次提供帮助，这时客户应该会对你充满感激。至此，这单服务事件的处理形成了一个闭环，而对方也很有可能因此向你表达谢意。

注意事项：

🎁 活动 40：维多利亚的"致谢"传奇

维多利亚在 25 年前就学会了礼物公式。她不仅讲授这些知识，每次在现实生活中听到投诉时，都会身体力行地去实践这些概念。在教会学生这一概念之后，她还会持续跟进大家有没有在继续用它解决问题——甚至在对方参加过研讨会后的数周、数月或数年之后仍是如此。

1998 年 3 月，礼物公式成了维多利亚人生中最为宝贵的经验。当时她怀着 7 个月的身孕待在家中，而她的丈夫汤姆正与友人一同吃饭。大约到了午夜时分，汤姆打电话说要回家了。但过了一会儿，他再次打来，声音里充满惊恐地说道："快报警！我被绑架了！快报……"从电话中，维多利亚能听到有人在问丈夫正与谁说话。想象一下，那是个何等惊险的场景！

维多利亚绝望至极。一分钟后，她又接到一个电话，这次是绑匪本人打来的。对方的语气充满威胁且咄咄逼人："你丈夫现在在我手里，如果你不给我 100 万，我就杀了他！听明白了吗？"

如果是你，你会怎么说？

甚至无须刻意思索，她就想到了礼物公式，经过多次实践，现在它已经成为维多利亚的一种"肌肉记忆"。她开口说的第一句话是："谢谢！谢谢你。我知道，你人不坏，不会伤害他。你想要什么我都会给你，什么都行，只是请不要伤害他。你知道吗，再过几天，他就要当爸爸了。"随之而来的是电话那头的一阵沉默。

维多利亚猜想，绑匪肯定十分困惑。事后，汤姆告诉她，当时绑匪笑着与同伴说："这女人肯定疯了！"当然了，他想不到维多利亚会是这种反应。

接下来，绑匪的声音听起来不那么步步紧逼了，他问维多利亚："好吧，你能拿什么来换你丈夫？"维多利亚告诉对方自己有多少珠宝和现金。绑匪说："虽然不多，不过也还行。我会在凌晨两点到××地点和你碰面。"接着他又说："如果你敢报警，我就开枪打死你丈夫。要是你敢打电话告诉别人，哪怕是你的家人，我也会杀了他。还有，如果到时候你没有带着你说的这些东西出现，我也会做掉他。我会盯着你的，假如你不是一个人来的，你丈夫就死定了。"

"放心，我会照约定赴约，只要你别伤害他。我知道，在你手里，他不会有事的。谢谢。我相信你母亲把你培养成了一个好人。你有孩子吗？"听到这里，绑匪嘟嘟囔囔地挂断了电话。

凌晨两点，维多利亚到达了绑匪所说的地点。但她一直等了很久，都没有人出现。维多利亚觉得很害怕，她脑中闪过了所有最坏的可能。直到最后，她接到一个电话。

是她丈夫打来的。他还活着。他说自从维多利亚与绑匪谈过之后，对方就改变了主意。他们停止了对他的殴打，把他放进后备厢里，带到了很远的地方，接着就离开了——丈夫挨了打，身上的钱和手机也被抢走了，好在命保住了。汤姆走了很远，最后看到一个电话亭，给维多利亚打了电话。

这在绑架事件中是史无前例的。正是由于维多利亚在和绑匪沟通时，运用了礼物公式，才让对方受到了震撼，从而决定放人。直到今天，汤姆都还会诚挚地感谢礼物公式救了自己的命。

请君一试：我们能理解，这个故事听起来太过传奇，甚至不像是真事，但它确实发生了。请写下你在听到这个故事时的反应，以及你从维多利亚的经历中所学习到的经验。

🎁 活动 41：练习礼物公式

我们都知道，要想在听到投诉时保持放松，并用说"谢谢"来打开局面，是需要练习的。也就是说，我们要在风平浪静的时候练习礼物公式——比如，在与同事、朋友以及家人的互动中。

请君一试：与同样正在学习本实践手册的伙伴安排练习课程。我们在下方给出了几个投诉场景。这些场景千差万别，所以它们多半并不会与你所经历的状况完全相符。但不要紧，只要你能开始练习就好。

你们在读完这位客户投诉的原因后，只练习礼物公式的第一步，以此与对方建立起融洽的关系。

1. 有个客户打来电话说本该两天前送达的订单到现在都没到。他确实很需要这个产品，不过，你们公司的失信更让他生气。

2. 在零售店里，有个客户走到你面前，说她有点不知所措。她已经等了半个多小时，现在必须得去接孩子了。她不知道该怎么办，因为她都等了那么久了，不能就这么走了。你能帮帮她吗？

3. 你是一家高档餐厅的接待员。一对夫妇走进餐厅，希望能立即入座，因为他们有预约，或者至少他们觉得自己预约了。这两个人很不高兴，因为他们看到自己最喜欢的桌子已经被人占了。这对夫妇是本店的常客，他们每周至少会来两次。你翻了翻预约单，发现他们约的其实是第二天的时间。请问你会如何处理这个问题？

4. 你是一家大公司的客服代表，现在你正要走出大门，而你身边的一位女士碰巧被大厅里的积水滑了一下。尽管没有摔倒，但她还是吓了一跳。现在她大喊大叫着要投诉。你会怎么做？

注意事项：

_____

_____

_____

🎁 自我检查：礼物公式

为什么在回应投诉时要先说"谢谢"？列出这种开场形式可能会影响你与客户互动的三种方式。

1. _____

2. _____

3. _____

你觉得以下任务中有哪些属于投诉处理人员的工作？在与你的职能描述相符的任务旁的方框里打"√"。

☐ 倾听客户的意见，了解他们的需求。

☐ 识别忠实客户。

☐ 挖掘营销信息。

☐ 控制负面口碑。

☐ 留住客户。

☐ 关注质量控制。

当客户前来投诉的时候，你会如何以及向组织当中的什么人传递你了解到的信息？如果你所在的企业没有这样的文化，你打算如何开启这项工作？

_____

_____

_____

第六章

保持同理心

保持同理心（empathy，又称共情）是一项技能。它也是优秀的投诉处理工作的基础。

有些人就是比其他人更善于共情。无论你是天生就富有同理心，还是只有一点点，共情都是一项可以提升的技能。就像轮滑一样，如果能每天都滑，你就会越来越熟练。也许你永远也当不了冠军，但毫无疑问，你的技术水平会有所提升。

同理，通过对共情能力进行分项练习，你也可以学会如何在情感上与客户保持同步。

🎁 活动 42：同理心的力量

你的同理心会向客户传达一种信息——你理解他们的感受。无论你希望推广的是哪种服务或是产品，保持同理心，都会使你更容易增强与客户间的关系。

你也可以通过学习带着同理心去倾听每一个人——比如投诉的客户、组织内的同事，甚至是想要表扬你的客户——来与之建立更为牢固的关系。

请君一试：你会如何界定同理心？尽可能具体地描述你的标准。列出你能想到的任何同理心的组成部分。比如，同理心是理解他人感受的能力。

1. _____

2. _____

3. _____

如果你带着同理心去联系客户，你们之间的关系会发生什么变化？

_____

心理学家卡尔·罗杰斯（Carl Rogers）曾这样描述同理心的力量："能为关系带来改变并引发互动双方学习的最有力的因素就是高度的同理心。"

你是否希望客户在发来投诉时也能有所转变，比方说，从拒不合作到愿意配合？同理心能让这点成为现实。

注意事项：

■ 活动 43：展现同理心与给客户退款一样重要

许多人认为，要解决服务失败的问题，就要不断砸钱。所以，"给客户退款"或是"在他们未来购买时给他们打折"似乎就成了标准答案。然而，带着同理心去倾听客户，往往会比通过赔偿来解决问题更能走进对方的情感世界。

打折当然是好事，无障碍退款更让人高兴，但只为客户提供这些福利可能还不够。客户或许会觉得你只是想用钱来收买他们的好感，这么做可能会比什么都不做更让对方失望。

慷慨待人，同理倾听，以这样的态度来为客户服务，就能在你们之间建立起一种伙伴关系，并帮助提高对方的忠诚度。

请君一试：当客户遇到问题时，你可以做哪两件事来共情他们？我们在这里给出了两个案例情境。

情境 1：客户应邀而来，却一直在等待。你要怎么做才能既表现出同理心，又让对方知道如果下次你要延迟赴约的话，会先打电话告诉他们？

1. _____

2. _____

情境 2：客户打来电话，说他们最近收到的发票上有个错误。这把他们的记账工作搞得一团糟，也降低了他们的信用评分。你要怎么做才能在展现出同理心的同时让他们相信这种情况不会再发生？

1. _____

2. _____

注意事项：

_____

_____

🎁 活动 44：读懂情绪

人的情绪会在发生的瞬间通过面部表情展现出来。所以，如果你想表现出同理心，就得学会快速阅读表情。

是否能读出他人的微妙情绪会影响我们与对方的相处方式。当然，要做到这一点，最好就是学会"看人脸色"。第二好的方法是从人们的声音、说话的停顿以及语速中去判断他们的情绪状态。

虽然人脸上只有44块肌肉，但通过面部皮肤的灵活移动，人类却能展现出超过5000种表情！有些表情很容易被读懂，比如大大的、开心的微笑。孩子最容易读懂的情绪是愤怒，而成人则能在300英尺❶开外就识别出微笑的表情。

旧金山州立大学（San Francisco State University）的教授保罗·埃克曼（Paul Ekman）将冗长的情绪清单缩减为6种，分别是愤怒、悲伤、恐惧、厌恶、惊讶与喜悦。这6种基本情绪是人人都能体验到的，而且处于全球各种文化背景下的人们都能轻易且快速地读懂这几种情绪。

请君一试：练习中的6张图片分别对应埃克曼所说的6种基本情绪，请在每张图上标注出它所表达的主导情绪。在接下来的6个活动中，你将读到有关这6种基本情绪的完整描述，这会为我们学习快速识别基本情绪奠定良好的基础。

请将主导情绪标在图片的下方。这6种情绪分别是愤怒、悲伤、恐惧、厌恶、惊讶与喜悦。

---

❶ 1英尺=30.48厘米。——编者注

🎁 活动 45：愤怒

　　愤怒情绪通常都是显而易见的。假如一个人发了怒，你是不可能察觉不到的。虽然某些时候，愤怒会以很微妙的方式表现出来，但一般来说，你还是能看到人们下巴紧缩，眼睛眯起，或者眉头拧成几道皱纹。当人们生气时，他们的下巴会向前突出，嘴角也会下垂。有的人在生气时会同时表现出上述信号中的好几种。有时客户并不喜欢表现出愤怒，但他们脸上出现的蛛丝马迹还是会泄露他们的真实想法，如果客服代表仔细观察的话，还是能看出来的。

　　许多人在感到不解的时候也会皱眉头。如果你有这个习惯，客户看到了就可能会觉得你是在生他们的气，因为这同时也是愤怒的展现方式。所以，在与客户当面交流的时候要注意皱眉头的问题。

请君一试：在下方空格中画一张或几张生气的人的图片。根据上面的提示勾勒出一张典型的愤怒的人脸。放开画就好，不要担心自己的艺术天赋不够。

活动 46：悲伤

大部分人都很容易意识到，人在悲伤的时候，嘴角会下垂，眼睛也会倾向于向下方移动。在有关悲伤的情绪表达中，没有一种动作是"向上"的，全部是"向下"的动作。

许多人在悲伤时都会唉声叹气，或者呼吸也会开始颤抖。有时，如果你仔细观察，还能看出对方下巴的抖动。大部分人都不想重复表现出悲伤的情绪——在公共场合下尤甚。人在不愿表露悲伤的时候就会捂紧脸，好让自己不会因为失控而颤抖。他们也可能会沉默不语，因为此时只要一说话就可能会哭出来。

如果客户脸上出现了悲伤的情绪，那可不是什么好事，尤其是在他们离开的时候。

请君一试：在下方空格中画一幅悲伤的人的图画。先画一张只有悲伤情绪的人脸，再画一张既悲伤又愤怒的人脸，因为这两种情绪经常同时出现。利用上面所讲到的提示，然后重新审视你在上一个活动中所画的愤怒的图画。

🎁 活动 47：恐惧

在大部分情况下，投诉处理人员是观察不到恐惧情绪的，除非他们传递了什么特别糟糕的消息。比如，当客户要被迫向他的老板汇报你没能处理好这则投诉的坏消息时，你就可能会从对方脸上看到恐惧的表情。

医疗保健工作者在不得不告知客户他们的健康出了问题的时候，也会在对方脸上看到这种情绪，尽管这也不是医疗机构本身的过错。有时，当来电涉及账单数额，客户也会变得焦虑。还有些时候，银行工作人员在告知客户他们的信用评级被下调的时候，也会在对方脸上看到一丝恐惧的表情。

大部分时候，你是看不到他人极端恐惧的表情的，但如果对方感到汗毛直立，你可能还是会有所察觉的。

当人们感到恐惧时，你会看到他们眼睛睁大、眉毛上扬、眉头紧皱。大部分人在这时会嘴巴大张，看似想要尖叫或是逃跑的样子。不过好在，客服代表不会经常看到这种表情。

请君一试： 在下方空格中画出一幅或多幅表现出恐惧的人的图画。

🎁 活动 48：厌恶

在你找寻有关厌恶的迹象时，要关注客户鼻子的变化。人在感到厌恶时，鼻子总会皱起来，或者鼻孔可能会张开。有时这种变化非常迅速，可能就只是鼻孔短暂地张开了一小会儿。但这种不易察觉的小动作会告诉你，对方现在的情绪感受是厌恶的。

人在厌恶时，眼睛也会眯起来。他们的脸颊会上扬，上唇也会往上推。

如果你让客户感到失望，他们就会表现出厌恶的感受。如果某种情况一再发生，他们不仅会觉得失望，还会觉得厌恶。随厌恶而来的往往就是愤怒的情绪。如果客户向你发出了厌恶的信号，你就该知道你有麻烦了。

请君一试： 在下方空格中画出一幅或多幅表现出厌恶的人的图画。先画一张有一点厌恶表情的脸，再画一张有极其厌恶表情的脸。还是那句话，根据上面给出的提示作画，不要担心自己的艺术天赋。

🎁 活动 49：惊讶

惊讶是恐惧的近亲。人们在感到惊讶时，嘴巴会呈现出比微笑更夸张一些的形状，眼睛睁得不如害怕时那么大，但下巴会比害怕时沉得更低。

如果引起惊讶的是正面事件，那么人们的惊讶就会转变为喜悦。比方说，如果有人告诉客户他们刚拿的产品有瑕疵，他们可能会感到惊讶。但如果客服代表说会为他们找到更完美的替代品，而且质量比原产品还要好，对方就可能会感到惊喜。

如果售货员对客户说，要是他们愿意等到下周，可选的毛衣颜色会更多，或者下周起会有促销活动，客户想要的产品能打七五折，那么对方也会感到惊喜。这些都属于正面的惊讶反应，也是让客户长期保持忠诚的开端。

请君一试： 在下方空格中画出一幅表现出惊讶的人的图画，描绘一个收到了巨大惊喜的人的形象。我们在活动 47 中描述过人在感到恐惧时的形象，对比我们针对惊讶和恐惧两种情绪分别给出的提示，你会发现这两者之间的显著差别。

🎁 活动 50：喜悦

喜悦是一种伟大的情感，它往往具有传染性。所以，当你感到喜悦的时候，你也会从自己的面部反应中感受到这种情绪。此时，我们的面部肌肉会参与活动，带动嘴角往上提拉。眼角周围的肌肉会出现褶皱，所以这时候人的眼睛看起来是眯着的。许多人说，通过对眼睛的观察，最能发现其中有关幸福感的端倪。你也能从一个人的声音中捕捉到有关喜悦的信息。

有时候，人们可能只是嘴角上扬，但并没有同步出现面部上端的表情变化。倘若没有眼神的参与，你看到的就会是那种虽然彬彬有礼但又虚情假意的被动营业性微笑。因为当一个人真正感到快乐时，他笑起来的时候眼角就会弯起来。观察一下自己的面部表情，体验一下吧。先做一个只是出于礼貌的微笑表情，再发自内心地笑一下。注意观察这两种不同类型的微笑在你脸上所表现出来的差异。

我们希望客户在离店时脸上带着的都是真心实意的微笑。

请君一试：在下方空格中画出一张礼貌性微笑的脸，再画一张真诚微笑的脸。让快乐与幸福闪耀其中。

活动 51：情绪分享案例研究

学会有效地分享情绪是一种能力。这种能力是能被教授、被掌握，并且内化到我们的日常行为中的。在这里，我们给出一个将同理心运用到工作中的例子。

金融信托是一个十分特殊的行业，相关从业者通常都会与客户保持终身合作的关系。信托及房产专家会帮助客户管理他们的财产，并解决他们去世后的财产去向问题。这些专业人员要与逝者的亲属进行沟通和交流，以确保一切都按逝者的计划有序进行。很少有职业像这个行当一样需要如此高水平的同理心，人们认为，无论客户表现出何种水平的情绪反应，信托行业的从业者都应该能出色应对。

然而，一项调查显示，84% 的金融信托客户认为他们的信托代理人并不理解他们在失去至亲之后的痛苦心情。换言之，他们觉得这些专业人士并没展现出任何同理心。

这种理解不足的情况会促使大部分客户萌生出想与其他人合作的愿望。他们明确指出想要换人。

信托人员本身也感到不堪重负。他们明明已经与客户建立了密切的关系，当客户离世时，许多人的内心其实都很难过，但他们却都表现得好像这不是什么大不了的事情一样。信托人员认为这才是自己"应该"做的，也就是说，保持冷静，不要展现任何同理心才是正确的职业态度。

某家金融机构意识到了这个问题，于是它们为其信托专业人员提供了悲痛培训，来帮助大家对受益人的痛苦做出正确反应。通过这种培训，员工们还能学习到如何诚实地处理自己的痛苦。

经过这种培训之后，该机构的客户不再有痛苦被忽视的感觉，也不再希望转去其他公司了。

而另一家信托及房产公司则选择与贾内尔合作，来学习当受益人投诉某事未被妥善处理的时候，怎样才能写出更富同理心的回应信。贾内尔教他们要如何使用礼物公式，并在处理的过程中展现出同理心。

同样地，当员工们展现出更多的同理心后，公司客户也不再觉得自己需要换人来处理信托及资产分配需求了。

请君一试：你觉得自己有责任展现出同理心吗？虽然你

处理的或许不是事关生死的问题，但是每个投诉处理人员都需要面对客户在遭遇损失时的情绪，也要为对方解决问题。请写出你会如何以同理心来应对以下四种情况：

由于航班延误或被取消，有位客户没能按时到达目的地，他的情绪很激动。你可以说些什么来表达同理心？

_____

_____

由于某种特定产品缺货，一位客户十分恼火。你可以说些什么来展现你的同理心？

_____

_____

某位客户的电脑出了问题，这个问题看似无法解决，客户感到很不安。你可以说些什么来表示关心？

_____

_____

_____

有位客户因为申请银行贷款被拒而感到挫败，他认为银行拒绝他的理由并不公平。你可以说些什么来表达同理心？

_____

_____

_____

注意事项：

▓ 活动 52：我对客户产生了何种影响？

许多人会将我们在工作中所做的事情等同于自己所需履行的职能。例如，许多投诉处理者会以下列方式来定义他们的工作：

"我能够界定并解决计算机问题。"

"当有客户投诉发票数额不对时，我负责检查发票。"

"我负责回收客户不想要的产品并给他们退款。"

以上描述确实都有合理性，但它们忽视了任务对客户的影响。

想象一下，假如客户能根据自己所受的影响来重写客服代表的岗位描述，他们会怎么说呢？举个例子，你负责解决信用卡相关问题，比如信用卡的欺诈使用。从影响角度出发的描述可能会是："我能让客户安心，如果有人偷刷他们的信用卡购物，我们会提供安全保障。"

对客户而言，这就是在处理投诉的情感层面。

请君一试： 用一句话，从客户的角度写出你的工作对客户产生的影响。分别从客户工作任务本身及其对客户的影响两方面来描述你的职责内容。

1. 描述你作为服务代表或投诉处理者的某项工作任务。

_____

_____

现在，写出你的这部分工作对客户产生的影响。你可以用以下说法来开始你的一句话描述："我帮助我的客户……"或者"我能让我的客户……"。

_____

_____

2. 现在，描述你为客户所做的另一项工作。

_____

_____

写出你的工作对这些客户产生的影响。

_____

_____

_____

学习要点： 我们会为客户服务，但有时我们会忘记自己所做的事情对客户产生的影响。而正是这种影响在对客户发挥着深刻的情感作用。

注意事项：

_____

_____

_____

🎁 活动 53：对我的客户而言，
什么才是重要的?

如果能知道客户在各种情况下最需要什么，就能更好地与他们产生共鸣。阅读下面的例子，站在客户的角度上考虑问题。如果这些例子与你的工作内容并不相符，你也可以按需求用其他例子代替。

请君一试： 列出至少两点客户可能会有的担忧。你可以同他人分享自己的答案，看看他们是否赞同你的意见。

一对父母带着三个孩子在一家快餐店吃饭，其中一个孩子打翻了饮料。对这些顾客而言，什么最重要?

1. _____

2. _____

某样产品断货了，但在每年的这个时候，这种产品都特别畅销。对于想买这种产品的客户而言，什么最重要?

1. _____

2. _____

有家航运公司弄丢了某位客户的重要包裹。在这种情况下，什么对这位客户而言最为重要？

1. _____

2. _____

学习要点： 如果你经常练习问自己："对我的客户而言，什么才重要？"你就会开始带着同理心去倾听对方。这种练习就像是一个阅读对方思想的过程。

注意事项：

_____

_____

_____

自我检查：保持同理心

当客户表现出愤怒时，你该做何反应？将下列反应按照从最佳到最差的顺序来排列，并与伙伴讨论你的选择。

☐ 识别客户可能有的感受。

☐ 告诉他们，现在有这样的感受是正常的。

☐ 解释一下，昨天有另一位客户遭遇了相同的问题，但体验还不如他们。

□ 让客户控制好情绪，否则你也帮不了他们。

□ 只是观察，直到你能看出客户接下来会做什么为止。

□ 为你让客户生了气而道歉。

□ 向主管求助。

□ 使用礼物公式，先说"谢谢"，从而打开局面。

不要翻书，口述六种基本情绪分别是什么样子。说说哪些情况可能会让你将它们混淆起来。

愤怒

悲伤

恐惧

厌恶

惊讶

喜悦

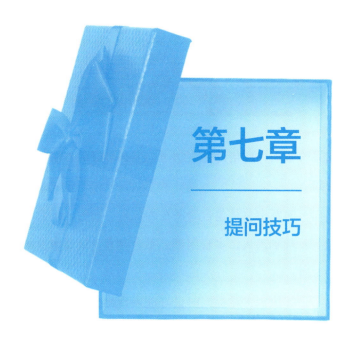

第七章

提问技巧

如果希望向你所帮助的人学习，那么最好的方法就是向他们提问。

然而，问题中总是蕴含着潜在的危险，因为人们会将问题定性为：咄咄逼人、多管闲事、不合时宜，或是触及敏感地带的东西。

出于上述原因，在提问时最好能展现出你的好奇心。提问题是为了让客户知道你对他们感兴趣。

活动 54：提问的力量及挑战

客户的长篇大论可能意味着几件事：比如他们一贯就是这么说话的，或者他们希望与客服代表对话。无论出于什么原因，也不管是当面对话或是电话交谈，没完没了地说个不停总归是令人不快的。

然而，通过向客户提问，你可以：

开启讨论，保持沟通的新鲜感。

激发客户的兴趣，因为问题本身就能激活大脑。

让投诉处理的过程有目标可循。

影响服务恢复环节的进程及内容。

鼓励客户反思，让他们愿意与你沟通并接受新想法和新信息。

提延伸性问题，扩大或许正在受限的视野。

收获相互尊重的感觉，如果你的提问态度充满了关心的话。

从重复的客户独白中创造建设性的对话。

提问至少也能让服务恢复的过程变得更生动、更有趣。当然，只是列出问题清单还不够。沟通确实重要，但你的语言及行为应与你所问的对象保持同频。最后，要针对情况提出正确类型的问题，这至关重要。要做到这一切并不容易，它要求你时刻警觉，有能力清晰且迅速地思考，并对你所询问的对象保持敏感。

请君一试： 想象一下，你在与一位客户交谈，他正在向你吐槽自己所居住的酒店房间有多么的不舒适——这已经是第三次了。你要怎么说、怎么问，才能推动这次谈话的进行？

_____

_____

注意事项：

_____

_____

_____

📦 活动 55：问题类型

问题可以分为许多类型，我们来挑几个看看。大部分客服代表都会找到对自己来说有效的一些问题，然后一直用。这么做会让你错失其他种类的问题能带来的好处和作用。要提高提问能力，关键就是要注意到使用问题时能带来的对应效果。

请君一试：我们可以简单地将问题分为五类。通常情况下，以"谁""什么事""何时""如何""为什么"开头的这些基本问题要么是封闭式问题，要么就是开放式问题。我们来探讨一下各种问题的效果。

封闭式问题（Closed questions）：封闭式问题一般可以用"是"或"否"来作答。比如："你看过包装中的印刷说明吗？"

封闭式问题至少能产生哪两种影响？请分别列出它能产生的一个正面影响和一个负面影响。

正面影响：＿＿＿＿＿＿＿＿＿＿＿＿＿＿＿＿＿

负面影响：＿＿＿＿＿＿＿＿＿＿＿＿＿＿＿＿＿

开放式问题（open questions）：开放式问题需要的通常不是简单的"是"或"否"的回答。比如："你这么做之后发生了什么？""你对这个设备的工作方式有什么看法？"请分别列出使用开放式问题分别有哪些利弊？

正面影响：＿＿＿＿＿＿＿＿＿＿＿＿＿＿＿＿＿

负面影响：＿＿＿＿＿＿＿＿＿＿＿＿＿＿＿＿＿

反思性或引导性问题（Reflective/leading questions）：反思性问题需要当事人加以思考才能作答。你也可以通过引导，从对方那里得到你想要的答案。比如："你是不是说……？""如果我理解得没错的话，你是认为……？"请分别列出引导性问题会带来哪些正面影响和负面影响。

正面影响：_____

负面影响：_____

选择性问题（Alternative questions）：选择性问题至少会提供两种选项。正因如此，你也可以把它当作一种引导性问题。比如："你是否相信这个……或者也许你认为……？"请分别列出选择性问题的利弊各是什么。

正面影响：_____

负面影响：_____

暗示性或欺骗性问题（Suggestive/trick questions）：暗示性或欺骗性问题要么是直接替对方发言，要么就会扭曲对方说话的内容。比如："所以你的意思是说……？""那么你真的相信……？"请分别列出暗示性或欺骗性问题的优缺点各是什么。

正面影响：_____

负面影响：_____

请君一试：根据上述类型列出问题清单。下次你再去见客户时，尝试至少问其中的一类问题（欺骗性问题除外）。每问过一种类型的问题，就在清单的对应位置上做个标记。描述每个问题对客户产生的影响。很显然，每种类型的问题都会帮你获得不同的结果。在下方横线上记录你向客户提出每种类型问题时所发生的情况。

封闭式问题：_____

开放式问题：_____

反思性或引导性问题：_____

选择性问题：_____

注意事项：

_____

_____

_____

🎁 活动 56：有用的试探性问题类型

如果你的问题符合以下几点，就会给投诉处理工作带来帮助：

帮助客户走出误解的怪圈。

帮助客户摆脱对问题的限制性看法。

在缺乏理解的情况下填补空白。

如果你是出于下述任意一种原因而提问，那么问题就可能是无益的：

沉默令你感到不适，所以你要用提问来缓解尴尬。

对方陈述问题的速度让你感到不耐烦。

你想展现自己的能力或学识。

你想掩饰自己的不认同。

无益的提问通常会使客户觉得你很愚蠢或产生被逼无奈的感受。对服务或产品故障处理有益的问题通常属于以下四种类型：

1. 直升机问题（helicopter questions）："我们从另一个角度来看看这个问题。"如果客户在细节上迷失了方向，你可以建议对方从一个更高的角度来看待他们的问题。可以尝试问下述问题中的某一个：

- "你觉得这个应用程序中最难的问题是什么？"

- "我们要如何改进，才会让你更有掌控感？"

- "如果这个问题解决了，你会感到完全满意吗？"

- "你考虑这一变化的主要原因是什么？"

- "还有哪些因素需要考虑？"

- "还有其他与此问题相关的人有话要说吗？"

2. 寻宝问题（treasure-hunting questions）："让我们回过头来看看。"在听完一个冗长的问题描述之后，你可能会产生这样的印象：客户对某一细节的考虑太过草率，而这个细节或许就是至关重要的。你可以等待合适的时机，稍稍打断客户，询问他们对此细节重要性的看法。下面给出一些寻宝问题的例子：

- "这与惯常状况有何不同？"

- "同一个说法你用了两次。在你看来，这些情况是否存在关联？"

- "我想搞清楚你在想什么。我感觉到你认为这并不公平，能告诉我是为什么吗？"

3. 空白点问题（blank spot questions）："我不确定有没有讨论过这个问题。我们能再看看吗？"如果你已经给予了客户充分的关注，但还是无法理解你听到的细节之间的逻辑关联，那么就代表其中可能存在矛盾。它也可能是某个尚未被你发现的事实或是让你感到困惑的东西。这对你来说是个空白点。不要试图隐藏自己的不解，因为不解可能会引领你找到问题的核心。下面是一些有关空白点问题的例子：

- "你能告诉我今天的情况与去年的情况之间有什么关联吗？"

- "我想知道为什么你在说这句话的时候这么犹豫不决。你在想什么？"

- "你说自己在这种情况下的处境'非常无助'，这让我很惊讶。是什么在阻碍我们为你做这件事？"

4."为什么"问题（why questions）："你为什么会这么想？"沟通专家建议：如果对方会把这种提问理解成一种指责的话，就不要这么问。比如："你为什么不看看说明书？"

人们会如何解释你的问题，取决于你发问的语气。假如直接询问"为什么"，会让对方感觉受到了指责，可以用"是什么原因"来代替。如果提问是为了给自己并不理解的问题寻找原因，那么你可以尝试去问一些非评判性问题，这会弱化提问的攻击性。在这种情况下，你也可以说"跟我说说吧"。虽然这不是个问题，但它也能达到同样的效果。

请君一试：找个伙伴与你共同完成这项活动，让伙伴来扮演客户的角色。界定客户所反映的问题。从你听过的投诉里挑一个问题出来，好让你能集中精力进行提问。

按照下述四个类别分别提四个试探性问题。在每个问题之后，要求你的伙伴提供反馈。他在听到你的问题时有什么感觉？当你问问题的时候，对方是否感到你把他们的利益放在心上？你在问这些试探性问题时的感觉如何？记录下你的观察结果。

1.直升机问题：＿＿＿＿＿＿＿＿＿＿＿＿＿＿

2.寻宝问题：＿＿＿＿＿＿＿＿＿＿＿＿＿＿＿

3.空白点问题：＿＿＿＿＿＿＿＿＿＿＿＿＿

4."为什么"问题：＿＿＿＿＿＿＿＿＿＿＿＿＿＿＿＿＿＿＿＿＿＿

🎁 活动 57：要想获得更多的客户反馈，
　　　　提哪些问题效果更好？

如果你请求客户提供反馈，也就相当于你在——大部分情况下——邀请他们前来投诉。正如我们所说，这是一件好事，因为倘若我们不知道问题所在，也就无法纠正它们。

几乎所有人都知道，如果能提出一个有力的问题，就可以彻底地扭转对话的走向。好的问题能发掘出那些未被宣之于口的信息，能帮助我们澄清和收集更多的客户反馈。你也能从对方的回应中清晰地体会到他们对所发生事件的感受。

然而，大部分人都不习惯问问题。一部分原因可能是：提问就意味着要倾听对方的回答。此外，收集客户信息或反馈的问题通常都带有试探意味。也许你觉得你不该去打听客户的生活。但我们的经验是：作为投诉处理人员，问些试探性问题还是有必要的，只要别带着攻击性就好。要有好奇心。

浏览以下问题，从中挑出几个来用，直到你能灵活自如地提问。你会注意到，这些问题中的大部分都涉及情感成分。总的来说，它们都不是纯技术性的产品问题。随着时间的推移，逐渐增加能为你所用的问题。

界定客户事宜的问题包括这些：

"你对这种情况有什么看法？"

"你对……有什么感觉？"

"关于……你最关注的是什么？"

"看起来什么才是最大的问题？"

"你的主要或最大的问题是什么？"

"你对这么做有什么看法？"

"我怎么才能帮到你？这当中有何阻碍？"

有关客户满意度的问题和提示：

"这个设备还有没有其他问题？"

"你能告诉我你说的……是什么意思吗？"

"请告诉我更多关于……的情况。"

"到目前为止，你还试过什么其他方法？"

"你能告诉我上次你打电话过来之后得到过什么帮助吗？"

"请多说些有关……的情况。"

"还有其他的吗？还有些什么呢？"

鼓励检查行动结果的问题：

"你希望发生什么？"

"你期望的结果是什么？"

"你有什么建议？你的计划是什么？"

"如果你这么做，将如何影响……"

"还有什么需要我来考虑的吗？"

"你希望这个行动带来怎样的结果？"

"你希望从我们的工作中得到何种益处？"

能帮助你了解客户的问题：

"这一情况中有哪些方面给你带来了困扰？"

"你觉得此处的关键部分是什么？"

"这与你目前的优先事项有何关系？"

"是什么让你感到兴奋？"

"如果不采取这一行动，你的团队会有什么损失？"

鼓励超越现有状况和考虑未来可能性的问题：

"这种情况在从现在起的数周、数月或数年后可能会变成什么样子？"

"如果要为我们的下一步做计划，最理想的方式是什么？"

"要达到这一目标，最令人满意的方式是什么？"

"如果你这么做，会带来什么结果？"

"你想要什么——不是今天，而是比如说，一年后？"

请君一试：从上述问题中选出两个，在你下次与客户会谈时或在与伙伴的练习中使用它们。

除了提你选出的两个问题，确保你弄清楚了客户在离开时或是在结束与你的通话时有什么感受，还要注意，并不是所有问题的答案都能讨你的欢心。

如果客户在离开时不太满意，你最好去跟进一下事情的后续进展。一旦对方愿意花时间接受你的帮助，他们的态度就可能会改变。重要的是，不要在客户回应的时候展露你的恐惧。如果对方觉得实话实说是安全的，那他们就会对你敞开心扉并感觉自在。这对关系的建立很有裨益——只要你不针对他们的回答进行诡辩。跟进问题的进展及客户的回答，直到你觉得该收集的答案都收集到了为止。

列出你计划选取的两个问题，以获得更多的客户反馈。

1. _____

2. _____

描述客户对你所问问题的反应。

1. _____

2. _____

🎁 自我检查：提问技巧

通过向客户提问，你能得到什么？列出提问的五个好处。

1. _____

2. _____

3. _____

4. _____

5. _____

问"是"或"否"的封闭式问题有什么好处？

1. _____

2. _____

问开放式问题有什么好处？

1. _____

2. _____

为什么不能提欺骗性问题？

1. _____

2. _____

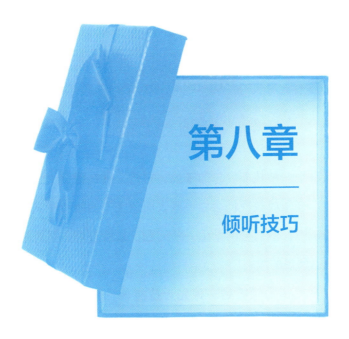

第八章

倾听技巧

倾听是一种技能。总的来说，它是一种在课堂上学不到的技能。老师或教授们会做一些表面意义上的倾听测试。比如在考试中，他们会问学生一些问题，来检查对方是否听进去了自己所说的内容。

许多人认为倾听是一种先天技能——也就是说，人生来就被绑定了有关倾听的知识，你要么擅长倾听，要么就不擅长。

有趣的是，倾听其实比你想象的更为简单。当然，练习也是必不可少的。要磨炼这项技能需要我们开展艰苦卓绝的工作，不过，它也并不复杂。

🎁 活动 58：倾听对我而言意味着什么？

你想成为更好的倾听者吗？倾听需要你保持专注。它要求你听清内容、理解内容的讲述方式，还要知道说话的人是如何采用身体语言展开沟通的。

请君一试： 倾听对你的工作意味着什么？你用来听别人说话的时间占了你全部时间的多大比例？

有些研究对人们的倾听表现做过调查，结果显示，人们只会记得自己所听到的 50% 左右的内容。而在 8 小时过后，这个比例会下降到约 33%。然而，他们还是笃信自己是优秀的倾听者。

主动倾听意味着你在倾听的时候不会做判断，也不会去盘算接下来要说什么，或者什么时候才能加入对话。主动倾听还意味着你要去推测说话者的言外之意。

请君一试： 你认为良好的倾听过程需要具备哪些要素？

耐心是其中之一，请再另外列举两个例子：

1. _____

2. _____

活动 59：在三个层次上倾听

美国顶尖的专业教练认证机构协同培训学院（CoActive Training Institute）会从三个层次来教授倾听技能。你可以把这三个层次理解为对倾听行为进行过滤之后所产生的不同变化。达到第三层次需要一定练习，所以我们在此只介绍前两个层次的内容。

层次 1：听到。在倾听的第一个层次上，需要听取的主要是内容。此时，记笔记至关重要，尤其要记下对方所说的内容。要是你做了笔记，记住别人所说的话就不是什么难事。要尽量多做笔记，越多越好。

你也可以在电脑上记笔记，但要确保敲击键盘所发出的声响不会惹恼客户。Zoom（一款多人云视频软件）公司在其平台上升级了背景音消噪功能，该功能默认开启。许多研究都表明，用纸笔做笔记能更好地帮助你记忆，但用电脑是不是能让你记下更多的内容呢？选择权在你手中。一定要告诉客户你在做笔记，否则对方可能会觉得你没把注意力放在他们身上。在这个层次上，你还要倾听自己内心的声音，了解你会对自己说些什么。

层次 2：倾听。在第二个层次上，要听出对方的言外之意。当你在纸上做笔记的时候，要在纸的中间画一条线，把"倾听"到的笔记与主要内容并排放置在一起。许多类似的倾听笔记都是用提问的形式表现出来的。例如："他们是什么意思呢？"

请君一试：下次再与客户沟通的时候，无论你是用电脑还是用纸笔，都要做好记录。在开始对话前，要先告诉客户你在做笔记。关注一下你在保持专注、记忆对话内容以及提问方面的能力有什么提升。

注意事项：

_____

_____

_____

▓ 活动 60：转述对方的意思，会有帮助！

转述是指用不同的措辞来重述谈话内容。

请君一试：找个伙伴来和你一起做这项活动。

1.请伙伴就一个你们彼此有分歧的话题说上两分钟左右。

你不需要做任何记录，只是听就好。

2. 然后，转述你听到的内容——不要添油加醋，不要表露情绪，也不要暴露自己的立场。只是听和转述，不要一字一句地重复，要使用不同的词来表述你所听到的内容。

3. 如果伙伴认为你准确地转述了他们的意思——没有带着偏见的评论或是情绪，只是陈述了事实——那你就算是完成了第一次练习。接着再试一次，这样你们至少能就两个不同的主题分别练习一次。

4. 如果伙伴觉得你没能完整地理解他的意思，或者你曲解了他的话，那么你还可以再做一次，直到对方能认可你的转述为止。

5. 如果你与伙伴都在学习本手册的内容，那你们可以轮流来做转述的工作。

在练习专心倾听的时候，要注意保持完全的专注。你可能会发现这很困难——的确，大家都是如此！

请君一试： 转述的过程中蕴含着哪些挑战？

_____

_____

为什么这种技能在投诉处理中至关重要？

_____

_____

在"清晰理解他人所说内容"这一问题上，你的解释可能出现多大程度的偏差？

_____

_____

注意事项：

_____

_____

_____

🎁 活动 61：通过倾听来加深彼此的友好关系

我们在活动 30、31 和 32 中讨论过，当双方能在积极沟通中达成共识的时候，融洽的关系就能得以建立。

在倾听别人说话时，我们可以选择两种沟通方式：你可以集中关注彼此间的差异，也可以强调双方的共同之处。在后一种方法中，你会专注于彼此认同的话题、过往的共同经验，以及你们的共识，尤其是双方共同的目标。

你可能会想："等等！我和我的客户能有什么共同目标啊？"事实上，你们至少会共享以下的某一个目标——你们都希望投诉处理的过程能够：

● 尽量展现尊重，即便在客户想要发泄情绪的时候。如果你能在对话刚开始时就以积极乐观的方式向客户问好，那这种尊重的氛围就能更容易地建立起来。

- 快速、高效。如果客户说："我今天真的很着急。"你可以说："那好！我们马上开始。"这样就能帮你们建立起融洽的关系。

- 不会带来额外的麻烦。换句话说，你们都希望投诉能被精准解决。如果想与客户之间建立融洽的关系，你可以问对方"这个建议对你来说是否妥当"，检查一下自己策略的正确性。

- 以一种让双方都感觉良好的方式展开。将这作为你的目标，你可能会发现，积极沟通的感觉会自然而然地发生。

请君一试：学到这里，你可能已经攒了十几件或更多想要尝试的新主题了。建议你把这些想法都写在纸上，并放在容易看到的地方。下次与客户沟通的时候，你可以选择其中一个来进行实践。要保证谈话结束后这一目标能得以实现。

注意事项：

_____

_____

_____

🎁 活动 62：用同调的技巧来倾听

要加深人际关系的融洽程度，与对方保持同调（pacing）可能是最佳方法之一。所谓同调，就类似于为对方举起一面镜子，让他通过你在镜中的行动与表述看到你们的言行举止是一致的。

同调指的并不是简单的模仿。这是一种很微妙的体验，因为一旦对方看出你在模仿他们，就会知道你在干什么，那么这个游戏也就结束了。

因此，同调指的是通过镜像地模仿对方的身体语言、声音、用词以及情绪，来温和地步入他们对整个世界的表达之中。以下是理解同调的两个要点：

- 当人们喜欢对方或是已经和对方做了一段时间的朋友之后，同调就会在彼此间不自觉地发生，双方就会开始相互理解。当两个人坠入爱河，所有局外人都能从他们的身体语言中找到他们同调的蛛丝马迹。

- 即便双方还未自然建立起融洽的关系，你也可以有意识地使用同调的技巧。同调会创造出一种"我了解你，我喜欢你"的感受。就算两个人刚刚认识也不要紧。即使是在一对陌生人之间，只要他们能保持同调，也可以产生这种相识已久的感觉。

147

沟通的最高目标就是融洽。而实现这一目标的最佳方法之一就是保持同调。

如何才能保持同调呢？很显然，在虚拟交流和面对面交流的场景中，我们要做的事情是不一样的。但是，即便只是在聊天框里交流，你也可以镜像地模仿对方的说话模式并且共情他的感受。你可以从以下三个方面来练习与他人保持同调，练习场所不受限制，不一定非得是在与客户交往的时候。

身体语言：你可以从坐姿或站姿、行动、双腿的位置、手臂动作、整体姿态、头部角度以及面部表情入手来练习同调。

说话：你可以从语速、语调、音量及用词的选择入手来练习同调。

言语：你可以从言语所表达的态度、信仰、热情、容忍度及感受等方面入手来练习同调。

请君一试：下次再与客户沟通时，你可以尝试在身体语言、说话方式以及言语色彩上与对方保持同调。观察一下：发生了什么？同调是如何帮助你倾听的？通过同调，你创造了一种怎样的氛围？

注意事项：

_____

_____

_____

🎁 自我检查：倾听技巧

"听到"与"倾听"之间的三个区别是什么？

1. _____

2. _____

3. _____

作为投诉处理者，"听到"与"倾听"哪一个更重要？为什么？是的，这两者都很重要，但还是请你从中选择一个，并写出你的判断依据。

_____

_____

转述客户的话很重要，这一论断之所以正确有哪三个原因？能准确地转述对方的话会给你带来什么优势？

1. _____

2. _____

3. _____

第九章

言语之外

假如你能理解投诉处理成功的基本机制，那么你就会发现，这个过程就像是一个拼图测试。正如每张拼图都不相同，每个投诉也不相同。有的拼图很容易，有的则很复杂，不容易拼好。

记住，在处理投诉的时候，你是在和客户交换信息。阅读身体语言是一项需要培养的良好技能，因为有时身体和言语表达的是不同的内容。当二者传递的信息有异的时候，你要更密切地关注身体语言所传递的内容。

一般来说，身体语言会暴露出一个人的真实内心。所以，我们需要用眼睛仔细观察。本章将从不同方面来探讨身体语言。

🎁 活动 63：身体在表达什么？

在接受反馈或投诉时，最值得关注的细节之一就是身体语言。正如人们常说的那样，行动比语言更具说服力。

当我们谈论身体语言时，我们所谈论的是人的身体动作以及他们说话的方式。

请君一试：这里给出三个选项，请至少尝试其中的一个。

1. 去观察人。去人潮涌动的广场上坐着，或是外出就餐，集中注意力观察他人的身体语言。注意别盯着别人看！你能猜到他们在谈论什么吗？你能察觉到他们的想法吗？

2. 看一部你以前没看过的电影或电视广告，关掉声音和字幕。你能从他人的身体语言中弄清楚发生了什么事吗？

3. 看一部默片，首推卓别林主演的电影，尤其是《摩登时代》（*Modern Times*）或《孩子》（*The Kid*）。你也可以看看有劳雷尔（Laurel）和哈代（Hardy）或是马克斯兄弟（Marx Brothers）的电影。这些都是展现身体语言力量的优秀视频。

从上一页的三个练习中，你能得出哪三个结论？如果可以的话，请与伙伴一起讨论，这样你也能找到人一起观看这些视频。

1. _____

2. _____

3. _____

不沟通是不可能的。正如你在上述练习中看到的，即使我们没有说话，沟通也是在不断发生的。

你脑中最重要的问题应该是：除了客户对我们所说的话，他们还传递了哪些信息？如果要获取完整的信息，就要去关注对方的身体语言。这有利于帮助我们解决客户的难题。

请君一试：思考并回答下述问题：你对身体语言的关注程度如何？你对沟通中的这个重要部分赋予了多大的重视？你是否曾遇到过这种情况——自己提到"但你说的是……"，而对方的回复是"是的，但我的意思是……"呢？

_____

_____

注意事项：

_____

_____

_____

🎁 活动 64：身体语言的规则与线索

这三条规则能帮助你更好地解释身体语言所传递出的信息：

1.关注整体信息，而不要只专注身体的某个部分。

2.将信息与环境背景联系起来。比如，当有人双臂交叉的时候，是因为天气寒冷还是因为他们在躲着你？

3.观察三种身体动作在同一方向上的组合效应。例如：如果一个人双臂交叉，面色愠怒，而且一直在看表，那么很显然，他是因为你耽误了他那么多时间而不高兴。

乔·纳瓦罗（Joe Navarro）是一位身体语言专家，他曾写过几本关于这个主题的书，也做过一些视频。他谈到了舒适及不适的两种体验，也谈到了这些情绪会如何通过我们的身体语言表现出来。他解释说，人之所以会咬嘴唇，是为了保持镇定，这是对童年吸吮拇指动作的一种替代。

请君一试：当你看到投诉者表现出以下的身体语言时，你读出了什么信息？

紧闭双唇：＿＿＿＿＿＿＿＿＿＿＿＿＿＿＿＿

将嘴唇撇向某一边：＿＿＿＿＿＿＿＿＿＿＿＿

下巴后缩甚至颤抖：＿＿＿＿＿＿＿＿＿＿＿＿

注意事项：

_____

_____

_____

活动 65：我们的声音及其中的微妙之处

话是怎么说出来的，这点很重要。你是否注意过，即使是在电话中，你也能听出对方是在微笑还是生气？作为投诉处理人员，我们要听出客户的潜台词——也就是说，要听出对方的言外之意。也许你的客户会说："是的，这么解决没有问题。"但实际上他们心里并不是这么想的，你是能听出这之间的差别的。

联邦调查局前特工吉姆·克莱门特（Jim Clemente）解释过要如何侦测谎言和欺骗行为。你不仅能从身体语言中发现人们撒谎的迹象，还可以通过倾听他们说话的方式来看出端倪。

请君一试：在现实生活中，要察觉出对方的言外之意并不容易，不过，你还是可以通过练习来发展这项技能的。从现在开始，关注人们的身体语言和语音语调。一旦这成为一种习惯，你就会发现自己能更好地察觉他人话语背后的含义了。

注意事项：

_____

_____

_____

🎁 自我检查：言语之外

在观察身体语言或倾听他人说话时，应遵守哪三项规则？

1. _____

2. _____

3. _____

当某人的身体语言和他所说的话不一致时，应该更关注哪个方面？为什么？

_____

_____

_____

还记得我们在第六章中提过的六种基本情绪吗？愤怒、悲伤、恐惧、厌恶、惊讶以及喜悦。根据你自己的经验，这些情绪听起来像是什么？

● 愤怒听起来像 _____

- 悲伤听起来像 _____
- 恐惧听起来像 _____
- 厌恶听起来像 _____
- 惊讶听起来像 _____
- 喜悦听起来像 _____

第十章

有说服力的
措辞

你有多少次听过有人说："我永远不会忘记我的祖母／父亲／兄弟／老板／同事对我说的话。它对我的影响将永远持续下去。"

但我们又有几次会这么说："我永远不会忘了那个客服代表在我投诉时对我说的话。它彻底改变了我。我永远不会忘记。"

尽管这样的说法并不常见，但我们为什么不促成这件事呢？我们是有机会对客户发表重要言论的。这是我们持续影响客户的机会。

🎁 活动 66：措辞很重要

大部分人都不认为措辞方式能在投诉处理中发挥多大作用。事实上，他们都觉得投诉处理过程就是一种交易。是的，你确实可以把客户与企业之间的关系看成一种完完全全的交易关系，但这样的话，对于服务提供者和客户而言，投诉处理的过程也会丧失乐趣。

假如我们能充分重视文字的作用，就能让客户知道，我们期望在与他们的沟通中建立一种商业关系。而我们对客户问题的回答、解决以及与之关系的建立，也恰恰是通过这种沟通来实现的。

请君一试： 在投诉处理过程中，你曾对客户说过哪些对他们产生了积极影响的话语或措辞？请写出你知道会产生积极影响的三种措辞。

1. _____

2. _____

3. _____

你曾对客户说过哪些你确信或怀疑对他们产生了负面影响的话语或措辞？要回答这个问题，你可能需要做更深入的思考，因为我们都有为自己辩解的倾向，或者我们都不愿承认这些话确实会产生那么大的影响。列出三种会给你的投诉处理增加难度的措辞。

1. _____

2. _____

3. _____

活动 67：投诉处理中有说服力的措辞

多年以来，客服代表们已经开发出许多措辞方式，来向客户传达"我们想帮助你"的信息。在这个活动中，我们会分享那些能表达助人意愿的措辞。你需要做的是把你感兴趣的句子标注出来。

1. "让我看看我能做什么。"——这是苹果公司的服务话术。贾内尔在苹果商店寻求帮助或是使用苹果售后小组（AppleCare）的服务时，有几十次都听到过这句话。这句话意味着虽然客户可能无法得到他们想要的东西，但也不会被直接拒绝。它蕴含着一种希望，暗示还有其他的替代方案。

2. "我们来共同努力，尽可能让你满意。"——同理，这也不是在直接承诺会让某事实现，不过很接近了。这句话给人提供了某种有关希望的元素，也暗示了双方之间的伙伴关系——"我们要一起做点事情"。

3. "把发生的一切都告诉我吧。"——当你要求客户向你完整地描述事件的原委时，就是在说你现在有时间倾听。请记住，这么做可能会让你在客户身上多花个5分钟，但对方能回报给你的忠诚却会远远高出这5分钟的成本。这句话同时也是在表达"我信任你"。

4. "我知道你会喜欢这个。"——这么说是在肯定客户的选择。人人都希望确认自己做出的选择是正确的，尤其是在感到不确定的时候。不过，如果你对客户的喜好也没把握，就不要这么说。但当你知道这么说对对方有用的时候，就可以这么说。

5. "这不该发生的。"——在这句话里，你表达了两层意思：第一，你在承担责任。不仅是出于你的身份必须要承担的角色，还包括你的企业或是其他相关部门的人所做的事情，你愿意承认客户的说法。第二，你是在说，你们公司的质量标准比这更高。这么说也是在暗示客户，无论发生了什么问题，都能得到解决。

6. "别忘了，你还需要……"——务必告知客户，还需要些什么其他的东西才能让他们的产品发挥作用——比如电池，或是其他能带出某种产品味道的特殊食物。

7. "我会这么做……"——使用明确的语言，不要说"我可能会做……"之类的话。模棱两可的说法会让客户紧张。给对方一个准确的时间框架，或者至少是一段时间区间。如果你想表达的是 4 点到 4 点半之间的这段时间，那就不要信誓旦旦地承诺 4 点就能交差。如果你很难确认准确的时间，那就发个信息告诉对方时间要往后推迟。切记要和客户保持沟通！

8. "你对我很重要。我会尽我最大的能力来为你服务。"——首先，你自己得相信这句话，否则就不要说。任何一句话，倘若你说起来感觉言不由衷，就不要说。你真的想尽自己最大的能力来服务对方吗？如果是，就说出来，客户会感激你这样的承诺。

9. "很高兴你能来电／亲自过来。我希望尽快为你解决这个问题。"——当客户已经在这个问题上花费了很多时间的时候，这句话尤为好用。客户喜欢听到这种确定的说法。对速度的承诺会设定一个基调，表明你对客户的重视。

10. "感谢你提供这些信息。有了它，我就能很快解决这个问题。"——在这句话中，你表达了这样两层意思：一是感谢对方提供信息，帮了你的忙；二是向他们承诺，你会有所作为。

11. "早上好，我叫山姆，我能为你做点什么？"——亮出你的身份。除非企业有具体政策规定不能暴露真名，否则，去和对方交换姓名，来建立关系。行不更名、坐不改姓的姿态会给人一种感觉，表明你不会逃避。尽可能个人化你的形象，并且一定要用真名。

12. "你真是太棒了。太能帮忙了！"——不要吝啬对客户的溢美之词，"你是今天说得最清楚的客户""你太有耐心了，我对你感激不尽"，以及"你太能帮忙了，还查了这么多额外的信息，这样我就能快点帮你解决问题了"。客户乐于知道你对其为人的欣赏。顺便说一下，不要为了吹捧对方而胡编乱造。只要努力去找，每个人身上都能找出一些闪光点。

13. "我来检查一下，这样就不会出错了。"——客户并不介意你有自己的盲区，但最好别说"我不知道"。告诉对方，你会检查，确保不会出错。当你这么说的时候，客户会记住的就是最后这几个字："不会出错"。

14. "让我跟你说说现在到哪步了。"——客户希望了解目前事态的进展。如果他们必须在电话里等会儿才能得到答复，那你就要定期联系对方，告诉他们现在进行到哪一步了。客户会喜欢的。这样，就算对方必须要离开去处理其他事情，也不会失去与你们的联系，你也能告诉对方还要等上多长时间。

15. "我会为你做些不一样的事情。"——当然了，除非你确实要做些特别的事情，否则你也不会这么说。这不一定非得是那种超出认知的特别事件，只要是对方喜欢的东西就行。比方说，你可以给对方一个号码，让他们直接打电话给你，或者承诺你会给他们回电话，这样他们就不用一直等着了。

16. "你的选择是对的。"——人人都想知道自己是否做了好的选择。如果他们在购买产品时踟蹰不定，而现在产品又确实出了问题的话，这么说尤其有用。要向对方保证产品还是好产品，更重要的是，要承诺你会一直为这件事负责，直到产品被修好为止。

17. "我能做点什么来帮你？"——是"我"，不是"我们"。人们希望你能为这件事负责，而将你的身份个人化可以强化这种感觉。

18. "期待再次见到你！"——如果对方是来找你投诉的话，要注意，这么说的时候，不要搞得像是你希望客户会再遇到别的问题一样。你愿意"看到"或"遇到"对方，是因为他这个人，而不是因为他的问题。

19. "我得对你公平一点。让我检查一下，看看还有什么回旋余地，能让你满意。"——公平对客户来说至关重要。他们认为企业是有能力创造公平的环境的，客户能否得到公平的对待完全取决于企业的意愿。

20. "谢谢你告诉我这些。我很抱歉发生了这样的事情，我将尽我所能帮助你。"——别忘了使用礼物公式。这是最好用的一套措辞，它能帮你在一开始就表达出助人的意愿！

请君一试：列出两种你打算尝试的措辞方法。

1. _____

2. _____

描述你这么说了之后客户的反应。

1. _____

2. _____

注意事项：

_____

_____

_____

🎁 活动 68：将三种话术合为一体

这套三位一体的话术可以帮你亮明自己的身份，描述你正采取的行动，并且表明这些行动能为对方提供的价值。

1. 身份：点明接下来会发生什么，可以当面说，也可以留口信。比如："你好，我是维多利亚。我打电话过来是为了让你放心，我在持续跟进昨天谈到的问题。"

2. 行动：告诉对方你要做些什么。"下一步，我打算……"

或者"我需要你……"，又或者"请这么做……"。

3. 价值：做一个价值声明，诸如"这能解决你的问题""我保证这能帮你节省大量时间"或者"几天之后我们就会把替换产品送到你手上"。

在留语音信息时特别适合使用这三种话术。提前想清楚你的身份、行动以及价值陈述，先好好把它们记下来。如果你要和对方通很长时间的电话，那就在通话中段使用这三种话术，也可以在挂电话之前用它们来总结这通电话。如果这么做对你有帮助，就把这些行动步骤写下来，放在你的电脑旁边，这样你就不必在每次打电话的时候都再重新回想一遍了。

请君一试： 设想一个你要打电话回复客户的场景。在这通电话中讲清楚你的身份、行动以及价值陈述。

情境：＿＿＿＿＿＿＿＿＿＿＿＿＿＿＿＿

1. 身份陈述：＿＿＿＿＿＿＿＿＿＿＿＿＿

2. 行动陈述：＿＿＿＿＿＿＿＿＿＿＿＿＿

3. 价值陈述：＿＿＿＿＿＿＿＿＿＿＿＿＿

注意事项：

＿＿＿＿＿＿＿＿＿＿＿＿＿＿＿＿＿＿＿

＿＿＿＿＿＿＿＿＿＿＿＿＿＿＿＿＿＿＿

🎁 自我检查：有说服力的措辞

据你所知，使用预设话术来向客户展示助人意愿有哪三项好处？

1. _____

2. _____

3. _____

在能对客户起作用的话术中，你最喜欢哪一种？

_____

_____

_____

在使用预设话术展示对客户的助人意愿时，要注意哪三件事？这个过程中有哪些容易出错的地方？

1. _____

2. _____

3. _____

第十一章

与挑剔的客户互动

　　每个服务人员都需要时不时地与生气和愤怒的客户打交道。客服代表遇到这种情况的时候可能会比其他许多基层服务人员更多一些。有些时候，这也会让客服代表感觉压力重重，甚至开始质疑世上到底还有没有友好的客户。

　　关键在于如何恰当地处理，以及不要把客户的敌意当作一种个人行为。我们会告诉你如何更好地做到这两点。

🎁 活动 69：挑剔的客户

许多刚入行的客服代表都不知道要如何与那些怒气冲冲、咄咄逼人又抱怨不休的客户打交道。他们当中的许多人都会这样想：

客服代表学习的唯一途径就是积累经验，而这个过程往往要花费多年才能实现。

客服代表应对愤怒客户的方法完全就是他们处理童年冲突所用方式的翻版。但遗憾的是，大部分人处理冲突的方法都是从兄弟姐妹那里学来的，可对方往往也无计可施，只知道回过头来生闷气或者流眼泪。

21 世纪 20 年代的许多年轻一代的客服代表都认同：要与客户打交道，就必须要接受他们的攻击，这是这份工作的附带条件。他们认为，对此也没有什么其他的解决方法，要么接受，要么就别干这一行。

由于在客户那里受到了不当对待，许多客服代表在晚上回家后都会坐在浴室里号啕大哭，接着整夜失眠，这是常有的事。他们说，经历过那么虐心的一天之后，自己或多或少都会冒出点想辞职的念头。

有人说，某些客户就是越来越难缠了，也不太尊重人。虽然不愿赞同这种观点，但我们姑且认为这就是当今世界的一部分现状。倘若真遇到这样的客户，客服代表们便更需要有强健的脊梁，以便能让自己身心健康、安然无恙地回到家中。

应该说，部分服务提供者的确是在自作自受，这种情况也确实时有发生。但在本章中，我们将着重探讨的是客服代表应如何保护自己免遭客户的辱骂，并摆脱愤怒的困扰。

我们来给不满和愤怒做个区分。要辨别这两者，有一个简单的方法：你可以心怀不满但并不愤怒，但没有客户可以怒气冲冲却毫无不满。

请君一试：在与愤怒的客户打交道时，你最想学到哪三样东西？确保你能在与对方的相处中收获这些答案。

1. _____

2. _____

3. _____

注意事项：

_____

_____

📦 活动 70：情绪巨兽——愤怒

火山是一种强大的自然力量。它强大到你无法忽视它的存在——尤其是那些大型火山。它们很危险，会引起全世界的注意。

面对火山，最好的方法就是离它远一些，不让它爆发是不可能的。这与投诉客户在某些情况下的状态十分相似。

在面对怒气冲冲且咄咄逼人的客户时，投诉处理人员要判断自己是否存在人身危险并应及时采取相应的行动。

我们来看看客户在愤怒时所处的不同层级以及对应的处理方法。

注意事项：

📦 活动 71：如火山一般的愤怒

伊丽莎白·库伯勒·罗丝（Elisabeth Kübler-Ross）因其所提出的"悲伤五阶段论"而闻名，这五个阶段分别是：①否认；②愤怒；③讨价还价；④抑郁；⑤接受。对这五个阶段的划分有助于我们理解人类的悲伤。

我们在同样的阶段划分上稍作调整，也可以用于描述愤怒或暴怒的不同层级，分别是：①否认与震惊；②指责；③爆发；④讨价还价；⑤接受。

请君一试： 观看本章开头的图片，你是否熟悉这些愤怒客户的反应？你觉得其中哪一种最难处理？

_____

_____

愤怒是人类经历的最为强烈的情绪之一。它会同时影响发怒的人和必须忍受它的人。愤怒的客户在投诉时往往都容易降低自己的底线。毕竟，要是不做点离经叛道的事情，又怎么能让别人看出来自己很生气呢？

有时，人们生气是为了表明某些东西对他们来说很重要。他们觉得，如果不表现得很愤怒，对方就会忽视他们，置其需求于不顾。

少数客户可能会考虑采取暴力行动，但大部分人并不会这么做。许多人会放大自己的怨气，还会用"我再也不会回来了"之类的话来威胁对方。

出了问题之后，在气头上的客户都觉得自己知道该去向谁追责。通常，眼前提供帮助的这个人就是他们选出来的替罪羊。这种怒气常会阻碍客服代表为其提供帮助，所以说，一般来讲，表现得怒不可遏也无法帮助客户得到他们想要的东西。可糟糕的是，大多数人都不明白这一点。

一个有趣的现象是：那些只是不满但并不生气的客户更倾向于更换品牌，而那些既有不满又怒气冲冲的客户却更愿意留下来。也就是说，对客服代表而言，后者是更容易留住的。但如果客户心怀不满又郁郁寡欢，只是威胁说要离开但又没有表现出愤怒的话，要留住他们就不是那么容易的事了。因此，客服代表要注意，不要助长客户的愤怒情绪，而是要大力关注如何消除对方的不满。

注意事项：

_____

_____

_____

🎁 活动 72：愤怒与不满

如果能知道自己在同时感到不满与愤怒时会出现哪些行为，你就能更好地理解客户。你也可以根据客户的不同反应来选择最好的应对方法。

请君一试：描述一个令你不满但并不愤怒，到最后也没能让你得偿所愿的事件。可以选取工作中的事例，也可以选择个人生活中的事例。

当这件事发生时，你在想什么？首先，把这件事写下来；然后，与他人分享这个事例，看看对方是否也有类似的经历。

_____

_____

接下来，描述一件既令你不满又让你愤怒，但最终使你得偿所愿的事情。同样，工作或个人生活中的事例都可以。

_____

_____

这两个例子之间有什么区别？

_____

_____

学习要点：有时，人们生气是为了表明某些事对他们来说很重要。如果这件事无足轻重，他们大可以放下执念或者一走了之。

接下来，我们来了解一下愤怒的几个阶段，以便更好地管理它。

注意事项：

_____

_____

_____

🎁 活动 73：愤怒的第一阶段——否认与震惊

当人们失控时，你可以帮助他们分阶段地想象愤怒的发展过程，进而调控自己的情绪。如前所述，这种阶段划分方法与瑞士精神病学家伊丽莎白·库伯勒·罗丝著名的悲伤阶段论十分相似。罗丝认为悲伤的几个阶段会呈现出倒 U 形曲线的发展趋势。有意思的是，只需稍作调整，就能用同样的模型来描述愤怒情绪的变化过程。

愤怒的第一阶段是否认和震惊。在愤怒爆发的初始阶段，你可能会听到客户说出以下这些话，"这绝不可能是真的"或者"肯定是哪里出了错"。人们在面对突如其来的悲伤时也会说出同样的话："不，这不是真的。告诉我你是在开玩笑。"倘若你能在第一阶段抓住客户的愤怒，就会更容易帮助对方克服极端的愤怒情绪。

所以，当你从客户那里听到类似的否定话语时，一定要保持警惕。这可能只是个开始。此时，客户仍在试图控制自己的愤怒，但你要看到，这是火山可能大爆发的一个预警信号。你能做的，就是避免火山爆发：

1.回答问题，展现能力，如果这些都做不到，至少也要表现得友好并且乐于助人。尽量多提供信息。

2.认同客户的初始情绪反应："谢谢你能说出来。你说得对，一定是哪里出了错。我们来检查一下。"

3.让客户参与进来，协助你弄清楚事件的原委。假如你正对着电脑屏幕查找信息，要告诉客户你在做些什么或者看些什么。不要将对方排除在外，要让他们有参与感。这有助于在对方的愤怒爆发之前就将其化解掉。

请君一试：找个伙伴和你一起做这个活动。练习两次，在第二次练习的时候与对方互换角色。

让伙伴来扮演投诉处理者，你来扮演气到要爆炸的客户。写出客户可能会问的一个问题，再写出客户会对你提的要求。

客服代表可能会说："不，这不可能。"

这会引导你，也就是客户的扮演者进入愤怒的初始状态。而作为客户，此时你会发表一些否定性的言论，并且越说越气。

客服代表可以遵循我们前面提过的三个建议来回应。

当客服代表按照上述提示来回应你的时候，自我觉察一下：在被对方"说服"时，你有什么感觉。注意你的愤怒程度发生了怎样的变化。为了最大限度地利用好这项活动，请仔细观察自己的反应，看一看你是如何被客服代表的言论所影响的。

接下来，互换角色。这次，你来扮演客服代表。扮演客户的小伙伴会问你一个问题，并要求你提供一些东西，你会说"不，这不可能"。但作为客服代表，你的责任是要减少客户的愤怒。

在你们双方都分别体验过这两种角色之后，讨论一下彼此的感受。请注意，如果客服代表无法撼动客户的想法，对方就会越来越愤怒。

注意事项：

_____

_____

_____

🎁 活动 74：愤怒的第二阶段——指责

在愤怒的第二阶段，也就是指责阶段，投诉处理人员会遭遇整个愤怒爆发过程中最具挑战性的一部分，此时，客户很可能会主动攻击。

试着去理解客户的经历。他们刚在一些重要事务上遭到拒绝，或者刚听到了什么坏消息。接下来他们要做的，就是找人来给自己的处境背锅。

他们可能会说："我并不意外。这是家常便饭。你们的人太无能了。"或许对方没有明说，但也已经把你归类在那群表现不佳的人中了。你很难不把这些攻击当作个人行为。

所有为客户提供帮助的人都希望自己的努力能得到赞赏。但当受到指责时，保持友好并不容易。事实上，指责通常会激发一种反击的欲望。如果客服人员能意识到这些指责的言论是不满的客户愤怒的一部分，而对方仍愿意与我们沟通，也许我们就不会出现很强的防御性。

请君一试：与伙伴一同讨论下面的前三个步骤。不必做角色扮演，只要讨论一下在愤怒的第二阶段发生了什么就行。再与对方共同尝试第四步的练习。

1. 在遭受指责与攻击时，专注客户为我们送上的礼物，并忽略这份礼物简陋的包装。如果深入挖掘的话，你是有可能发现其中的财富的。

2. 当客户处于这个阶段时，积极倾听，不要急于表达。如果你们在通电话，那么通过说"嗯"来表达你对对方的赞同。提醒自己，如果你能让愤怒的客户回心转意，他们就有可能变成你的长期客户。

3. 客户在生气时往往也会异常大声。如果认定你会对此置之不理，他们可能会变得更大声。提高音量是一种非言语的行为方式，目的是让你知道他们希望你在听。如果你是在与对方通话，那么你可以把扬声器从耳朵上撤走，以此将怒气从自己身上引开。这么做会让你更能容忍对方的怒火。如果应对客户的是你本人，而旁边还有其他人，也许你可以把客户带到其他安静的地方，这样他们就不会影响到其他人，也不会让自己陷入尴尬的境地。

4.假如客户看似还会再继续大声喧哗一阵子，你可以尝试以下技巧：先说两句否定的话，最后说一句肯定的话。这就像好的喜剧一样，要吸引人的注意力，要让听众对接下来的剧情有所期盼。你可以这么说："我不在意你对我有多生气（第一个否定句），这并不会阻止我（第二个否定句）尽我所能地帮助你（肯定句）。"正如所有好的交流一样，要想用好这种说法，也需要稍加练习，直到你能饱含深意又自然而然地把它说出来为止。一定要在每两句话之间稍作停顿，以便客户能听清你说了什么。

注意事项：

_____

_____

_____

🎁 活动 75：愤怒的第三阶段——爆发

在愤怒的第三个阶段，即爆发阶段，客户的情绪会上升到一个顶点。此时客服代表能做什么呢？要关注客户愤怒的类型和程度——不过不要太在意他们说的话，因为他们会试图诱导你。所以这也是需要用点技巧的阶段。

我们来举个例子，如果客户想要让你卷入这场混战，他们会说："你们什么时候开始像对狗一样地对待客户了？"你也许会说："很抱歉冒犯你，我们不该那么做。"客户可能会回复："假使你们对客户有哪怕一丁点的关心，就不会设计出这么愚蠢的策略。"此时，他们就是在诱导你说出"但我们的确关心客户"。这么回答只会给对方提供更多的弹药，让他们持续作战，而你除了被动防守以外别无他法。接着他们就会问："那为什么……？"这么一来反而会火上浇油。

请君一试：在这个阶段，更好的回应方式是针对对方的攻击来提问。你可以说："真对不起！但发生了什么事让你觉得我们不关心你呢？"这会让对方备感惊讶。在他们的期望中，你会为自己辩护，而不是向他们提问。记住，只要你不为自己辩护，客户就不太可能继续这种攻击行为。

还有一种方法也很有用，那就是接纳眼前这个愤怒的对象，也接纳他们所表达的内容。人在不被接纳的时候就很容易走进死胡同。他们希望自己的心声能被听到，所以不要做评判，只是观察对方情绪的爆发就好。我们知道这很难，但还是请你试一试。你的接纳会促使对方改变态度，并缓和自己的语气。

注意事项：

🎁 活动 76：愤怒的第四阶段——讨价还价

在愤怒的第四阶段，也就是讨价还价阶段，客户会开始寻求解决问题的方法。他们的怒气会逐渐消退，也会启用自己的大脑进行思考。

他们会说诸如此类的话："好吧，那你打算怎么办？""这是你能想到的最好的办法吗？"现在是你能与对方合作并占据主动权的机会。要专注对问题的解决，不要紧盯着问题本身。别被对方难听的话吓倒。记住，对方之所以和你讨价还价，也是想解决问题，而且他们可能还没完全消气。

理解了愤怒的阶段性，我们就能解释为何某种方法在某些时候难以奏效。人们很容易跳过第二阶段的指责，直接从第一阶段进入第三或第四阶段。但是，处于愤怒中的人必须在前四个阶段中都或多或少地有所表达后，才能完成整个愤怒的流程——这点和经历悲伤情绪的人是一样的。

人在否认和指责阶段中是缺乏理性的，但在讨价还价阶段则比较理智，直到最后的接受阶段（第五阶段），他们才有机会整合所发生的一切。如果你略过其中的某个阶段，就会出现以下情况。

贾内尔的办公室有一位女同事，有一次，她和一家托运商之间产生了分歧。对方解决了这个问题——尽管方式不甚完美，但最终包裹还是送到了客户手中，不过晚了几天。然而，贾内尔的这位雇员对此并不满意，她抱怨说："那人从没道过歉，也从未认真倾听过这给我带来的'不便'。我再也不想与她合作了。"这家托运商的客服代表曾试图跳过第二阶段和第三阶段，直接从否认阶段过渡到讨价还价阶段。这是行不通的。

请君一试：下次再遇到怒气冲冲的客户，允许他们表达自己的情绪。虽然你无法阻止火山爆发，但你可以认真观察、用心倾听。光叫对方别生气是没用的。记录下你邀请对方表达愤怒时对方是什么反应。

注意事项：

活动 77：愤怒的第五阶段——接受

愤怒的第五个阶段是接受阶段。如果前四个阶段都已完成，或至少大部分完成了的话，你就能看出客户此时是在尝试接受现实了。对投诉处理结果的接受不同于罗丝所说的那种有关悲伤的接受。因为失去至亲的悲伤有时是永远无法停息的。

投诉处理者的任务是要推动客户接受你的解决方案。对方或许不能完全得到自己此前预设的结果，但还是可以对当时当下感到满意的。由于此类客户的愤怒爆发期相对短暂，所以他们的情绪可能依然处于一触即发的状态。面对这类客户，投诉处理者要给出不同的选择方案。客户面临的可能是一些永远无法修复的问题，但只要有替代方案就还有救。要尽量给客户控制权，让他们去自主选择解决方案。

请君一试：在投诉结束后持续跟进客户的反应，这是很好的习惯。如果客户并不满意你在交涉中给出的解决方案，那么你要在短时间过后再次与对方取得联系。就算他们没能得到自己心仪的补偿，但如果你能给出一个替代方案，他们就有可能觉得这个"备胎"也不错，也就能消气了。你也就证明了你对客户利益的关心。如果能把以上要求全部做到，对方就更可能感激你的所作所为。

倘若我们能给客户机会冷静下来，他们甚至是有可能向我们道歉的，因为大部分人都不愿与你为敌。这个时候，你就可以亲切地说："不必道歉。毕竟，人人都有生气的时候。"

活动 78：重新审视愤怒的火山

在考虑其他处理愤怒的方法之前，我们再来看看愤怒这座火山，回顾一下前面所涉及的内容。有关愤怒的阶段模型涵盖了五个步骤及一些对应的参考行动。

请君一试：回顾这一模型，说出每个阶段的名称，并指出如何识别客户所处的愤怒阶段。接着，写出当你遇到处于某阶段的客户时该如何应对。在下方横线上写下你的答案。

不要往前翻页去找答案，抄书是没用的。思考你与愤怒这座火山共处的方式，尤其是你能做些什么来帮助客户渡过这些阶段。如果你能想到一些本书没有提及的方法，那就太好了。

阶段 1：＿＿＿＿＿＿＿＿＿＿＿＿＿＿＿＿＿＿

对该阶段的描述：＿＿＿＿＿＿＿＿＿＿＿＿＿

＿＿＿＿＿＿＿＿＿＿＿＿＿＿＿＿＿＿＿＿＿＿＿

你能做的工作：＿＿＿＿＿＿＿＿＿＿＿＿＿＿＿

＿＿＿＿＿＿＿＿＿＿＿＿＿＿＿＿＿＿＿＿＿＿＿

阶段 2：_____

　　对该阶段的描述：_____

_____

　　你能做的工作：_____

_____

阶段 3：_____

　　对该阶段的描述：_____

_____

　　你能做的工作：_____

_____

阶段 4：_____

　　对该阶段的描述：_____

_____

　　你能做的工作：_____

_____

阶段 5：_____

　　对该阶段的描述：_____

_____

　　你能做的工作：_____

_____

注意事项：

_____

_____

_____

📦 活动 79：禁止中伤客户

对组织而言，最具破坏性的一种做法就是恶意中伤客户。我们所说的并不是那种指着客户的鼻子破口大骂的行为，大部分服务提供者都能做到不当面辱骂客户。因为我们生来就知道，当面破坏他人的名声是不被社会接纳的行为——除非你是出于调侃或者为了表达对对方的好感，并且已经得到了对方的默许。

此处所说的"中伤"是一种在背后进行的诋毁行为。客服代表之所以会这么做，原因之一就是：在经历了忙碌而又漫长的一天，被难缠的客户虐得体无完肤之后，这是一种报复对方的方式。服务提供者会通过以下方法来中伤客户：

● 在与对方通电话时翻白眼。

● 在电脑上记笔记时对客户说三道四。

● 使用只有同事才能看懂的粗鲁的暗号手势。

● 在挂断电话之后咒骂对方。

● 给对方起一些不堪入耳的外号。

有时候，服务提供人员会当着另一位客户的面给刚留了姓名的其他客户打电话，他们会说"真是个混蛋"，反正上一位顾客已经走了。在为新客户提供服务时，这算是一种非常奇葩的开局方式了！

请君一试：你会怎么做？你曾经中伤过自己的客户吗？如果有，请列出你曾做过的三件事。别担心写的东西会被别人看到，这是你自己的实践手册！而且，我们所认识的客服代表都会时不时地这么做。

1. _____

2. _____

3. _____

注意事项：

_____

_____

_____

🎁 活动 80：应对挑剔客户的案例

有位研讨会负责人回到了他之前办过研讨会的酒店。巧得很，一到那里，他就瞥见了酒店为布置他的房间所列出的一份宴会功能表。但让他惊讶的是，他看到表上用醒目的红字写着"挑剔型客户"几个大字。

他很尴尬，但也没有戳穿，不过这让他对这家酒店很不爽，以后也不想再来光顾了。除了"挑剔"，用以下任意一种方式来描述这位研讨会负责人都更为妥当：

"该顾客的标准很高，要求明确。请尽力满足！"

"请尽力满足该顾客的要求，以提高我们的服务标准。"

"该顾客极为重视服务质量。"

请君一试： 如果不恶意中伤下列客户，我们能如何描述他们？

客户很着急。如果不称呼对方为"小气包"，我们能如何描述他们？

客户很不高兴。如果不把他们的举动形容成"粗鲁"和"不体谅人"，我们可以怎么形容？

患者生了病，感觉很痛苦。我们除了说对方"爱发牢骚"之外，还能怎么描述？

刚才那个人太激进了。如果不说这种人是"愤青"，我们还能怎么形容他？

客户要求按时将自己的包裹送出去。如果不将对方贬低为"没有耐心的混蛋",我们能怎么形容他?

你的客户是个完美主义者。如果不说他是个"吹毛求疵""索求无度"的人,我们会怎么描述他?

注意事项:

📦 活动 81:确保自身安全

由于某些参与重要工作的人员和客服代表曾不幸遭到过客户的人身攻击,因此,我们将在这一活动中分享一些关于自我保护的内容。

位于加拿大温尼伯(Winnipeg)的危机与创伤资源研究所(The Crisis and Trauma Resource Institute)在其网站的《免费资源》栏目下给出了各种提示。遵照这些提示行事,能在很大程度上保护你免遭人身安全威胁。

请君一试:请把这些提示放在手边,并不时回顾一下。

留意你所处的环境：如果你发现自己很紧张，请留意一下你的情绪。你现在感受如何？不要向恐惧屈服。建立信心，检视环境，找到出口。如果有人看起来像是会伤害你，留意他们的一举一动。伤害行为是否有所升级？计划一下，当极端状况出现时你要如何逃跑。

注意你说话的方式：说话要镇定，语速要放缓，措辞要小心。你越冷静，就越可能控制局面。不过，不要教导他人保持冷静。

确认现状：在有机会的时候，描述对方的情绪状态，提些开放式问题："你看起来很生气。发生了什么事？"

转入倾听姿态：如果你现在处于双臂交叉置于胸前的状态，记得把胳膊放下来。扬起眉毛，接触对方眼神的时候要保持尊重，别盯着对方看。适时发声，让对方知道你在听他说话。

保持同理心：告诉对方你会帮忙解决这个问题。用"我们"这样的说法，把对方拉进同一战线。

适时沉默或停顿，缓和事态发展：人们之所以会突然施暴，有时是因为事情发展得过快。你可以这么说："请给我点时间想想。你提出的是个非常重要的观点。"

提供选择：对许多人而言，倘若你将他们逼到死角，他们就会动用暴力。给对方选择，"这是我能为你做的，但这是你自己的选择，无论你做什么决定，我都会帮你"。

注意事项：

▪▪ 自我检查：与挑剔的客户进行互动

解释一下，为什么当客户表现出要发怒的迹象时，要让其体验愤怒的全部五个阶段？换句话说，为什么不能急于让对方接受你的解决方案？

中伤客户会带来哪三个危险？

1. _____

2. _____

3. _____

客户对客服代表感到恼火并不奇怪。但是，一旦对方进入了愤怒状态，情况还是会有所不同的。请列出客户快要发火的时候需要注意的五个重要事项。

1. _____

2. _____

3. _____

4. _____

5. _____

第十二章

让压力为我所用

　　压力无时无刻不在发生。事实上，没有压力的日子会像一潭死水，而那绝不是我们所期望的生活！理想的压力状态是这样的——不要多到让你觉得肩负着整个世界的重量，但又要足够多到能促使你完成工作。

　　当你说"我温度上来了"的时候，并不意味着你在此之前没有体温，而是在说你现在的体温高于正常水平。

　　同样，当你说"我感到有压力"的时候，并不代表你在此之前没有压力，而是在说你现在的压力超出了可承受的范围。

　　在这一章中，我们将会回顾我们处理投诉的方式，谈一谈要怎么做才能既处理好投诉，又不会让自己感觉不堪重负。

活动 82：压力始于决定

贾内尔是背负着压力长大的。从很小的时候起，她就深受压力的困扰，并因此被卷入了激烈的竞争，还患上了心脏病和溃疡。有人跟她说，如果不改变生活方式，她活不到30岁。这席话引起了她的注意。后来，贾内尔开始锻炼身体，并重点学习了个人发展心理学。她通过练习瑜伽和冥想，慢慢学会了控制自己强烈的个性，健康状况也有所改善。

她在30岁出头的时候做了个猜想，认为世界上像她一样需要控制压力的成功人士应该不在少数。为此，她开发了一个压力管理项目，写了一本配套的书，再把这个项目卖给了企业客户。多年以来，她始终教授别人要在生活中保持心理弹性。在现在的投诉处理工作中，她也运用了相同的理念，希望大家能在处理好投诉的同时不被压力所打倒。

维多利亚生活在压力很大的墨西哥城。每一天，她都要穿越拥挤的车流，在不同的企业客户之间来回穿梭。她把事业经营得有声有色，家庭生活也打理得井井有条。

为了不让生活的龃龉影响自己的身心健康，人人都会遇到一些必须下定决心的时刻。我们都知道，要管理压力，就要首先控制好对压力的反应。你可以把这当成一种思维模式来培养。

我们先来看看压力的定义。

请君一试：描述你心中对于压力的定义。你如何判断自己何时处于压力之下？你觉得你能控制自己的压力吗？

_____

_____

🎁 活动 83：何为压力？

简单而言，压力就是你的身体对周遭事件所做出的反应。在遇事时，你可能会出现反应过度、反应不足或反应恰当三种情况。也有可能必要的反应期已经过去了，但你的压力反应仍然存在。比方说，有些人在经过一个非常糟糕的白天之后，晚上会睡不好。因为与客户互动得不好，所以在那一天剩下的时间里，他们会一直琢磨这件事。后来打进来的所有电话都让他们感觉喘不过气，到了晚上回家的时候，他们还会把气撒在家人身上。这像不像你曾经遇到过的某种情形？

人在处于下述情况时，就可能会产生压力：

必须采取行动来拯救自己性命的时候。

为获得奖项而竞争的时候（特别是在你志在必得的时候）。

锻炼或参加运动的时候。

结婚或在工作中得到晋升的时候。

人的身体生来就能应对一些压力。但是，我们的身体无法适应长期高压的状态。

积极的压力能帮你做到以下几点：

更容易掌控复杂任务。

在生活中体验到更强的刺激感。

思维更清晰，因为此时大脑的决策速度更快。

在危险状况下有更大的自救机会。

但遗憾的是，压力也会产生于如下情况：

在一天当中面临多项困扰。

常与焦虑的个体互动。

时间安排过于紧凑。

会在工作中面对不明确的、看似解决不了的问题。

请君一试：最后这些描述听起来像不像是对你的客服代表生活的写照？要在这种持续的压力下生活，需要应对哪些挑战？

_____

_____

学习要点： 你有决定权，你可以让压力为你所用——而不是影响你的表现。

注意事项：

_____

_____

_____

活动 84：我会在何时感觉到压力？

每个人都会在不同的情况下感觉到压力。有些人是在参与极限运动的时候——比如登山或跳伞。有些人则会在大庭广众之下演讲的时候感到兴奋。还有些人宁死也不参与这些活动。诸如此类的例子我们还能举出数百个。

有的人面对大吼大叫的狂怒客户，还能保持冷静。而另一些人则会逃之夭夭，再也不与那些会将攻击合理化的客户打交道。

人各有异，面对同一事件，不同的人往往会做出千差万别的反应。但我们都可以通过学习来提升自己耐受压力事件的能力。

请君一试： 你会在何时感觉到压力？请同时举出一些工作和个人生活中的例子。

1. _____
2. _____
3. _____
4. _____

在什么情况下，压力会刺激你提升自己的表现？尽可能详细地描述这种状况。举一些工作和个人生活中的例子。

1. _____
2. _____
3. _____

学习要点：每个人的压力反应模式都是独一无二的，没有人的反应会完全与你相同。

注意事项：

_____

_____

_____

活动 85：压力如何影响我们的表现？

压力管理不善对我们最大的影响就是会使我们表现不佳。它会让我们变得呆滞、疲惫、注意力不集中，或许还会坐立难安，对任何事情都拖延不办。

倘若压力不足，我们会很难驾驭任务。但如果压力过高，神经系统又会不堪重负。在后一种状态下，我们会变得健忘、分神、更容易犯错，而且疲惫不堪，甚至还有可能会觉得自己糟糕透顶。

当压力水平适中的时候，人会感到振奋。此时，人处理信息的速度很快，效率很高，也会很有生产力。这么一来，我们就不会因为做了什么事情而感到倦怠。下图给出了压力与表现之间的关系，当压力水平处于曲线中间位置的时候，人的表现最佳（图12-1）。

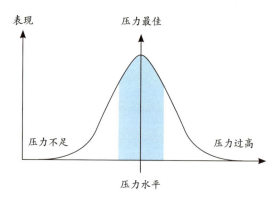

图12-1　压力水平曲线

请君一试： 要照顾好客户，你需要有多高水平的压力？相较而言，哪些事件会让你感到压力不足或压力过高？

在图12-1中指出你在一天当中所历经的工作及个人生活的各项活动处于哪个区间。依照完成它们所需的能量水平来安排这些任务。

完成图 12-1 中左侧任务所需的努力是最少的，而右侧任务则会让你感觉压力过高。在你需要完成的任务里有哪些处于图 12-1 中的"压力最佳"部分？这部分的任务需要你努力保持专注，但并不会过度耗费你的精力。这是可以长期从事的任务类型。你会发现这类任务能使你精力充沛，激发你的潜能但又不让你负担过重。当压力水平处于曲线的中间位置时，你的表现最佳。

让我感觉压力不足的投诉处理任务：

_____

_____

_____

要做好这些任务，我需要更多的压力。能帮我提升表现的一个方法是为它们设定最后期限或质量标准，以此来监督我付出更多努力。

让我感觉压力水平最佳的投诉处理任务：

_____

_____

_____

如果我能学会把一天中的大部分时间都用来处理这些工作就太好了！

让我感觉压力过高的投诉处理任务：

_____

_____

_____

我得放松一点才能做好这些工作。要达到这个目标，我可以学点新的投诉处理技巧，也可以在我感到不知所措或压力过大时短暂地休息一下。

🎁 活动 86：压力信号

安抚好前来投诉的客户并不是件容易的事。如果你希望有精力和能量去做这件事，那就要照顾好自己，保持最佳状态。

压力之所以难以调控，就在于其尺度不易把握。它最好能带来足够的刺激，让我们能轻松应对世事，但又不能到达那个临界点，把我们压垮，使我们倦怠。压力过剩不仅会影响身体健康，也会破坏我们的人际关系。

人的身体是很聪明的，它会在人进入倦怠状态时向我们发送信号。这些信号包括以下四种类型：

身体信号：头痛、背痛、胃部不适、腹泻、恶心、皮疹、脉搏加快、失眠、不明原因的急性疼痛、持续的疲劳、呼吸困难、溃疡、牙关紧咬、肌肉紧张、手心出汗、黑眼圈，或是频繁患上诸如流感和感冒之类的小毛病。

精神信号：健忘、注意力不集中、容易出错、思维混乱、疏于思考、理性缺失、判断力不足或表现下降。

情绪信号：情绪波动、抑郁、冷漠、没来由的突发愤怒及悲伤、非特异性焦虑、惊恐发作、不知所措、紧张性大笑或言语抽搐。

行为信号：过度饮酒或吸烟、大量进食、绝食、大喊大叫、烦躁不安、易激惹、话多、失眠，出现逃避行为或是诸如疯狂购物或疯狂清洁这类的强迫性行为。

这四类信号清单看似冗长，但在人类表达压力的实际生活中，它们只不过是冰山一角。

请君一试： 在表 12-1 中写下你的压力信号。可以先按照我们刚才给出的四种类型来分别写出一些，然后再写出其他你所了解的压力信号。

表 12-1　压力信号分类表

信号所属类型	我的压力信号
身体信号	
精神信号	
情绪信号	
行为信号	

注意事项：

_____

_____

_____

🎁 活动 87：我的压力信号是什么？

请君一试：与熟人分享你在活动 86 中所填写的压力信号清单，问问对方，有没有什么其他信号是他们注意到了但你却没看出来的。比如，你在感到压力的时候会脸红，但你自己却毫无知觉。又或者，你在觉得紧张的时候会咬指关节或手指甲。

从每类信号中选取两个你会予以特别关注的例子，写在下面。也许你可以做个标记，这样每次翻到这一页的时候，你都会很容易看到它们。记住，压力信号是你的朋友。从某种程度上说，这是你的身体在向你投诉，并为你送上礼物的信号。

每当你注意到某个信号，就停下来对自己说："这对我现在在做的事情有帮助吗？"比如，咬指甲能帮你更好地与不满的投诉客户打交道吗？可能不会。

告诉自己别再这么干了。通过对信号的觉察，我们就有机会改掉这些习惯。

注意事项：

身体信号：_____

精神信号：_____

情绪信号：_____

行为信号：_____

🎁 活动 88：我的压力源是什么？

所谓压力源，就是指我们周遭发生的、会引发我们压力反应的事件。这些事件可以是有关社会、经济、政治、家庭以及人际关系等各方面的。能引发我们压力反应的事件有数百种，在这里，我们只讨论一种压力源：职场压力源。

请君一试： 在你知道会对你产生影响的职场压力源旁边打"√"。重点标出对你来说最重要的那几个。

☐ 沟通上的误解。

☐ 来自客户的敌意。

☐ 对管理层的过高期待。

☐ 浪费时间的事物，比如不得不填但又毫无意义的表格。

☐ 对自己的工作缺乏欣赏。

☐ 无聊。

☐ 休息时间不够。

☐ 报酬低。

☐ 要求责任但又缺乏控制。

☐ 无能的同事。

☐ 会议过多。

☐ 物理环境有缺陷。

☐ 咒骂不休的客户。

☐ 缺乏职业培训。

☐ 客户的等待。

☐ 设备故障。

☐ 与同事间的冲突。

☐ 办公室政治。

☐ 个人失败。

再添加些其他内容：

☐ _____

☐ _____

☐ _____

☐ _____

☐ _____

☐ _____

☐ _____

☐ _____

🎁 活动 89: 倦怠——我中招了吗?

"倦怠"(burnout)一词在近五十年前被首次提出,现如今,它已经成为一个被广泛使用的术语。社会学家与心理学家最初使用这个词来描述那些从事医疗保健、心理咨询或儿童保育工作的职场人的心理状态。

在当代经济环境下,职业倦怠已经蔓延到了基层工作者当中。它由服务他人所带来的压力所造成——在期限紧迫的情况下,这种压力会表现得尤为明显。不难看出,倦怠是如何对投诉处理者们产生影响的。

这是一种结合了疲劳、愤世嫉俗及动力丧失等症状在内的综合征。人在身体劳累的时候也会同时体验到情感上的疲惫。当我们处于这种状态时,我们很难积极地应对问题,而是更倾向于消极抱怨。然而,我们都知道,投诉处理本身与情绪状态高度相关。

通常来讲,公认明显的倦怠信号包括三种。我们在表 12-2 中列出了十种信号,但其中有三种属于严重指征:①缺乏动力;②疲劳感难以消退;③对重要事件持愤世嫉俗的态度。很显然,这些信号会对你的表现产生影响。

表12-2　倦怠信号评估表

因素	1—5分	描述
缺乏动力		
频繁忧虑		
工作表现下降		
无法消除的疲劳感		
强烈的情绪波动		
注意力无法集中		
为哪怕很小的事情争吵		
对重要事件的愤世嫉俗感		
睡眠问题		
无法照顾好自己		

我们也很容易看到，职业倦怠几乎成为一种普遍现象——尤其是在人际互动频繁的领域。当倦怠产生时，客服代表会变得易怒，并可能大喊"我再也受不了了，我不干了"。这可不是什么有趣的事情，毕竟他们在刚当上客服代表的时候可能并没动过辞职的念头。

倦怠的感觉并不是由某一个难熬的日子所导致的。那只不过就是一天而已，等晚上回到家（或是在家中合上电脑）休息一会儿，到了第二天早上，你又会满血复活。我们都有过这样的体验。但不同的是，职业倦怠是由许多个这样的日子堆砌起来的，日复一日，甚至周复一周，并且毫无缓解的迹象。

请君一试： 在表 12–2 中与你的状况相符的倦怠信号旁打"√"。

职业倦怠由长期的工作压力引起，并会以多种形式表现出来。以下的自我评估将帮助你了解自己的倦怠程度。

你处于 1—5 分量表上的哪个位置？

位置 1："这完全不是我。"

位置 2："这只有一点像我。"

位置 3："我偶尔确实会遇到这种状况。"

位置 4："这比较好地描述了我在许多时候的状况。"

位置 5："这极为准确地描述了我在大部分时候的状况。"

得分解读：

10—20 分：低压力

21—30 分：尚可控制的压力

31—40 分：高压力

41—50 分：倦怠

如果你的得分处于高压力区间，那你就得给自己减减压。我们会在下面几页中讨论实现这一目标的技巧。如果你的得分在 40 分以上，建议你联系你所在组织中的健康服务部门来寻求帮助。

活动 90：短暂放松技巧

有时，压力会成为一种持续的力量，让我们感觉自己的大脑乱了套。这种类型的压力看似很难刹住车，要应对它，最好能用上一些小型、快捷的技巧。诚然，某些时候我们的确需要长时间的放松来控制压力。但其他时候，只需小小的休息就足以创造奇迹。事实上，短暂放松可能会比长时间冥想带来更好的效果。下面的两项练习都属于短平快的技巧，你可以在一天当中多次使用。

离线机制（Circuit Breakers）

你可以在一天当中的任意时间做"离线"练习。这种技巧有助于帮助我们打破压力形成回路，让你能以相对低压的状态来继续接下来的日子。贾内尔解释了这一机制的运行逻辑：

贾内尔的"离线"教程：用短时间休息来放松精神

练习1 "离线"练习的原理

什么是"离线"？就是在系统过载时，切断电源，直接下线！

你可以选取几个"提示"，当看到或者听到这些提示时，就可以开始休息了。提示可以很简单，比如，就深呼吸几次，并对自己说"我很放松"，不用闭上眼睛，不用让别人知道你正在放松。如果你每天多做几次，你的紧张程度就会下降。很多小事会导致紧张的累积，比如闹铃响了，或者突然有人找你，或者你正准备开车出发却想起有什么东西落在了家里，好不容易到了办公室，马上有人来找你有工作需要你完成……这些事情都会导致紧张不断累积。

如果你不通过"离线"来缓解这些紧张，那么这些情绪就会堆积一整天。但是你不会注意，因为这是一个非常渐进缓慢的过程，在你不知道的时候，紧张情绪就积累到了巅峰。

练习 2　选择你的提示

第一步：选择一个离线提示

选择一个在你身边总是发生的、醒目的、难以忽视的提示：

- 电脑收到新消息的提示音。

- 你的孩子抱住你的腿。

- 设定手机每小时响一次的闹铃。

- 那些会激怒你的事物，如邻居家的狗叫。

- 让你感到紧张的事物，比如领导突然发来的邮件或消息。

……

第二步：当你听见或看见这个提示时，就会条件反射地进行放松。

你可以任选以下动作中的一个来进行放松：

- 深深吸气，说："我很放松。"

- 收紧肩膀，随后放松。

- 检查自己的姿势。

这是一个非常简短的过程。放松完成后，你就接着做自己的事情即可。

现实案例：贾内尔的朋友有个讨厌的同事，他总是在嚼泡泡糖，吹泡泡，让她非常抓狂。因此她把这个同事每次吹泡泡时，泡泡破裂的声音当作自己的离线提示，每听到"啪"的一声，就深呼吸放松自己。

请君一试： 看完介绍之后，你学到了什么？

1. _____

2. _____

3. _____

请君一试： 你会使用哪种离线机制？请选出五种符合你情况的离线提示。一旦这些提示出现，就做个深呼吸，并且对自己说"我现在很放松"，接着继续手头的事情就好。你可以通过表 12-3 来追踪自己对于离线机制的使用。

表 12-3　离线提示及其作用

离线提示	这一提示如何作用于你?
1.	
2.	
3.	
4.	
5.	

颈部放松

在久坐状态下，人除了会感到肩膀僵硬以外，还会觉得脖子紧绷。

这项练习花费时间不到一分钟，如果你能坚持在发现脖子变紧的时候就开始练习，或者能每天定期练习几次，你的颈部肌肉就会松弛很多。你可以在打电话的时候做这项练习——不需要任何特殊设备。

请君一试：用鼻子画数字。找个舒适的位置坐着，双眼可以睁着也可以闭着，看你要做的是什么活动。有的人反映自己在闭着眼睛做这项练习的时候会出现头晕的症状，所以你要自己去选哪种方式最适合你。

1.用鼻子在空中画出数字：1、2、3、4、5、6、7、8、9、0。

2. 加大动作幅度，但放缓速度。

3. 不要过度拉伸。不要让肌肉过度紧绷，头部移动的幅度也别太大。

这项活动需要花费一分钟左右的时间，每天你都可以做上几次。大部分定期做这种练习的人都反映自己肩颈部的紧张程度有了明显减轻，甚至有些人的紧张性头痛都有所减轻或得到了消除。

这一技巧对你身体的任意关节都会起效。例如，有些足球运动员会用脚踝在空中画数字，以此放松关节。把动作放慢一些，你也可以用骨盆来做同样的练习，你会发现下背部也会有所放松。把双手放在墙上，身体倾斜，用臀部来画数字。

注意事项：

📦 活动 91：正念与葡萄干技术

正念（mindfulness）是当今组织中最新潮的流行语之一。它提倡一种"完全处在当下"的心理状态，要求我们全身心地关注自己的身体，投入周围的环境中去，同时避免让干扰因素分散自己的注意力。相关研究证明，这种方法能帮助人们在投诉处理过程中达到以下六种目标。

1. 减少压力。减少压力是人们练习正念技术的主要原因之一。

2. 保持专注。通过真正的倾听和对自己情绪的觉察，你可以保持客观并专注客户的需求，而不用纠结于自我对话。

3. 学会同理心。通过关注自己的内部空间，你会对客户的需求有更多了解。

4. 更富创造力。千篇一律的解决方案并不能搞定所有问题。有时你需要跳出条条框框去寻找解决方案。正念能增加你的创造力。

5. 提高记忆力。如果能完完全全关注当下，你就能记住更多客户告诉你的内容。

6. 健康状况更好。正如我们所见，在压力更少的时候，人脑和身体的运行状态都会更好、更健康。坚持在一段时间内练习正念技术，可以提高大脑处理信息、做出决策、形成记忆的能力，以及可以提高注意力。

如果你每天只需要花十分钟左右的时间，静静坐着，关注自己的呼吸和身体，就能从以上六个方面改善自己的状态，难道这不是件很值得做的事情吗？

学习要点： 正念并不是什么魔法。它要求我们专注于"此时此刻"——而大部分人在这里花的时间都不够！

许多正念训练师都会推荐"葡萄干技术"（raisin technique），我们也建议你尝试一下。这一技术涉及各种感官体验，通过这种训练，你会对正念有很好的了解。

请君一试： 在做这项练习之前，先洗洗手，找张舒服的椅子坐着，心里不要有任何杂念。在手边放个盘子，盘子上放几颗葡萄干。假如你不喜欢葡萄干，也可以放些其他的小型干果或坚果。

1. 拿一颗葡萄干放在手中，闭上眼睛。

2. 感受手中的葡萄干，关注它的质地、裂隙、大小，以及它在你手中的移动过程。

3. 将葡萄干放在耳朵旁边，轻轻捏一下，听听是否有声音。把注意力集中在葡萄干上。

4. 将葡萄干放在鼻孔旁边闻一闻。葡萄干的气味如何？深吸一口气，再闻闻看。你会如何描述这种气味？

5. 将葡萄干放进嘴里，让它在嘴里自由移动。感受一下，当它处在口中不同位置的时候，味道有没有什么变化。不要把它咬碎，只要它不破掉，就让它在嘴里自由来去。享受那种味道。

6. 把葡萄干咬碎后咽下去，想象它从嘴里到胃里的过程。

当它抵达你的胃部，想象它在发光。感受那道光线是如何令你感觉良好、放松并且平静下来的。静坐一两分钟，然后睁开眼睛。

你有什么感觉？有没有觉得更加放松？如果没有的话，拿起一颗葡萄干或者坚果，再试一次。

🎁 活动 92：感激的力量

心理学研究指出，表达感激之情有利于心理健康。如果感激能被表达出来，就能帮助降低我们的压力水平。它也有助于建立稳固的关系。在说"谢谢"时，你的身体会分泌内啡肽，进而产生舒适的感觉。即便对方并未通过言语来进行回应，你也会因为自己表达了感激之情而感觉良好。

即便面对的是咄咄逼人的投诉者，我们也可以常怀感激。为了避免在面对敌意时出现本能的价值评判，最好的方法就是分散注意力，转而关注其他信息。我们用香蕉来做类比。要吃香蕉，你就得把皮剥掉，因为果皮很苦，而且难以下咽。投诉过程也是一样。我们必须看到投诉的苦涩外皮下藏着什么礼物。

请君一试：哪些事情会让你心怀感激？写下所有会让你心怀感激的事情。我们在此给出几个提示：

当客户前来投诉时，我心怀感激，即便他们带着敌意，因为_____

_____

当收到个人反馈时，我心怀感激，因为_____

_____

当有人纠正我时，我心怀感激，因为_____

_____

我对家人与朋友心怀感激，因为_____

_____

表达感激之情无须任何成本，而且这是丰富自己和他人生活的最有价值的方式之一。大声说出你的感激之情，让别人听到。

请君一试：哪些人没听过你说"我很感激你在我的生命中出现"？有哪些你应该对他们表达这一感情的人？请在表 12-4 中写出来。

表 12-4　感激清单

谁应该得到你的感激？	为什么？	你打算何时告诉对方？

注意事项：

_____

_____

▓▪ 活动 93：应用程序及其他线上资源

许多应用程序（App）都能帮助我们降低压力水平。这些应用大多都是免费的，或者可以免费试用一次。

请君一试：我们鼓励读者尝试各种不同方法，直到找到最适合你的那个为止。

▓▪ 自我检查：让压力为我所用

追踪自己的全天压力水平为何重要？

1._____

2._____

3._____

在这些涉及压力管理的想法中，哪些对你最有效？你是否愿意尝试使用过去没试过的方法？

_____

_____

作为客服代表，在工作中，你最需要注意的压力信号有哪些？

1. _____

2. _____

3. _____

4. _____

5. _____

第十三章

给予及接收
个人反馈

当客户以投诉的形式向我们提供反馈时，正是我们向他们学习的好机会。如果我们能把投诉处理好，也就有机会加强彼此之间的关系。

我们也可以将这一点应用到个人关系之中。冷战可能会导致人际关系的破裂与结束。在问题出现时，闭口不谈容易酿成大错。

🎁 活动 94：谁会提供反馈？

虽然我们一直强调的是投诉，但我们也说过，投诉与反馈都是礼物。我们通过给出反馈的形式来告知某人有些东西需要改进或者变革，不过这里所说的并不是那种通常被称为"认可"的积极反馈。

但我们认为，一切反馈都是积极的，因为它会提醒你，现在产生了有价值的信息。设想一下，假如你从未向你的孩子、配偶、同事或雇员提供过反馈，那又会是怎样？

请君一试：你喜欢给别人反馈吗？是_____否_____

为什么？_____

_____

_____

在提供反馈时，最困扰你的是什么？

1._____

2._____

3._____

有些时候，我们并不擅长提供反馈。我们会咄咄逼人、太过被动、迷惑不止或是拐弯抹角。这类情况下的反馈更像是一种问题，而非礼物。接收到这种反馈的人也可能会因此而生气。而按照自我实现预言的逻辑，我们就会自然而然地得出结论——"反馈会破坏关系"，继而再不提供反馈。但是，不提供反馈也同样会破坏关系。该怎么做呢？答案是——要学习以建设性的方式来提供反馈。

请君一试：有什么人是你应该向他人提供反馈，你却还没有这么做的？沉默能解决问题吗？如果不表达自己的想法，我们需要付出什么代价？让我们来学一学如何以建设性的方式提供反馈。在下一个活动中，我们会给出十条以建设性的方式提供反馈的想法。

注意事项：

🎁 活动 95：反馈提供指南

有时，简单的想法反而能给人的发展与成长提供更好的指引。以下给出的想法既易于实施，又保持了对被反馈者的尊重。

1. 不要当着第三人的面提反馈意见：要等到有机会与这个人进行一对一交谈的时候再提。

2. 征得别人的同意：如果人们事先知道你要给他们提意见，他们就更容易听进去其中的信息。提前告诉对方，给他们时间做好心理准备。不要说："我能给你提点意见吗？"这种问法只会给别人带来压力。要说："嘿，咱俩能聊聊在我的聚会上发生的事情吗？"接着，等待对方用眼神给你提供许可。不要只是一股脑地把意见倒给别人。如果对方觉得现在还不是时候，也不要把那看作一种拒绝。至少你知道在这时候给别人提意见是无法被接受的，这是一件好事。问问对方："那什么时候你才愿意和我聊一聊呢？"

3. 检视你的思维模式和情绪状态：在提供反馈的时候，确保你的思维模式足够开放，情绪状态也足够平稳。如果此时你很生气，那么即便你打过草稿，说出来的话也可能会让对方感到压迫。降低自己的压力水平，使用减压球，听听音乐，或者做点其他事情，只要能让你平静下来。要抱着这样的思维模式与对方沟通："我怎么做才能帮助眼前的人调整，以便在我们之间建立起更好的关系？"或者"我怎么做才能利用反馈来增加价值？"而不是"我怎么做才能惹毛对方？"

4. 向对方提问：一旦对方同意与你交谈，你就可以向他们提问。很多时候，我们只是直抒胸臆，但并不关心对方的感受或是想法。事实上，对方说出来的话很可能与你心中的想法如出一辙。例如，不要说："我觉得你当着客人的面打断我很不礼貌，这让我感觉很糟。"要这样问："你觉得聚会进行得如何？"或者"你喜欢大伙儿对话的方式吗？你觉得你做得怎么样？坦白说，你有好几次都打断了我的话。你觉得呢？别人会怎么想？"

5. 说自己的情况就好，不要转述别人的看法：不要说，"有人问我，你那样插话，我怎么受得了"。如果你这么说，就会立刻偏离自己表达的重点。因为与你对话的这个人会问："谁跟你说的？"如果你给出的信息不甚准确，就会更加火上浇油。对方会说："到底是什么人在造谣啊？"如果你并不确定事实是怎样，最好能问清楚。但愿对方能承认吧。

6. 不要使用"三明治"技巧：这种技巧已经过时了，它是指我们在给别人提反馈意见时，要先说一些积极的内容，然后把你真正要表达的负面信息夹在中间，再在收尾的时候说上几句积极的陈述。这算不上是个好方法，因为它已经不是什么新鲜的招数了。一旦对方听到你给出了积极的陈述，就会自然而然地联想到接下来会出现的消极内容，而他们也知道，那才是你真正想说的。要在需要的时候赞美他人，在必要的时候建设性地给出反馈意见，但不要将二者混为一谈。在批评过别人之后再去恭维他们是没用的，它只会削弱刚刚那些话的力量，也会让对方忘记该在哪些地方采取努力。

7. 问问他们是否知道自己的行为对你和其他人产生了什么影响：一旦对方意识到了自己的所作所为，就会理解你为什么希望他们改变。一个好的方法是询问对方是否知道自己的行为所产生的影响。比如："你觉得你在我的晚餐聚会上打断我，会对我有什么影响呢？"这种问法可以帮助对方成长，因为他们会意识到，自己的行为不只会作用于你，也会作用于当时在场的其他人。

8. 提引导性问题：如果对方看不出自己行为的影响，可以问一些引导性问题，比如："你能明白为什么你当着别人的面打断我的讲话，我会很生气吗？"

9. 以"接下来……"收尾：问一些诸如此类的问题，如"接下来你会怎么做呢"或者"我不希望这种情况再次发生。咱俩能做点什么来确保这一点呢？我很重视我们的友谊，所以我也不想再经历这种事情了"。

10. 回顾与强化：下次你们再见面的时候，问问对方："咱俩做得怎么样？你对我们现在的沟通方法满意吗？"

请君一试：有了以上十条建议，你应该能以建设性的方法为对方提供反馈了，快来试试看吧！

写出四个你想提意见的人的姓名、你所要反馈的主题、时间以及反馈的结果（表 13-1）。

表 13-1　反馈表

反馈对象	反馈主题	时间	结果

活动 96：提供反馈时要具体

在提供反馈时，要让对方知道你想讲的具体内容是什么。给对方一个心理准备，让他们能从你的反馈中学习，而不是因此感到压力。

如果有人说"我能给你提点意见吗"或者"有件事让我很担心"的时候，你一定要问清楚具体是什么问题。这样你就能为接收反馈做好准备，你也才能把反馈当成礼物，而不是压力源。

请君一试： 阅读以下例子，指出在每种情况下可以怎么说，才能让接收反馈的人做好充分准备，以便他们可以听进去你说的话，并从中获得成长。

案例 1：坐在你旁边的同事吧唧吧唧地嚼着口香糖，发出让你抓狂的噪声，搞得你根本没法集中注意力。而且你也觉

得，在接听客户电话的时候嚼口香糖是很不专业的行为。你
希望对方能改掉这个习惯。你要怎么说，才能告诉对方你有
话想和他谈，并让对方心甘情愿地接受你的意见呢？

案例2：你是企业客服代表委员会的成员，你负责领导一
个专业小组，研究企业该如何知晓有哪些问题是经常出现的。
但是，委员会中的另一名成员十分跋扈，他总想表现得好像
自己才是管事的那个人一样。你想让这个人知道这种举动对
你和整个委员会产生了什么影响。那么，你要怎么做才能让
对方明确你想和他讨论的具体内容，以便以开放的心态来展
开与你的交谈呢？

注意事项：

活动 97：接收个人反馈

运用礼物公式来接收个人反馈。我们在此还给出了一些建议，能让你在接收个人反馈的时候更加轻松一些。

请君一试： 在每个你可能尝试的建议旁的方框里打"√"。

☐ 重新安排时间——如果别人给你提意见的时候，你情绪不佳或者还没做好准备，就建议和对方另外约时间。你可以这么说："你的反馈对我非常重要，我希望听你说话的时候能百分之百地集中精力。但很遗憾，我现在得去参加另一个会议。我们约在今天晚一点的时间好吗？"

☐ 主动倾听——调动所有感官和注意力来倾听。如果你能做点笔记，并且提些问题来澄清自己的想法，那就太好了。尽量多从反馈中获取信息，它将成为一份更棒的礼物。

☐ 不要打断——不过，有些时候，打断对方的谈话能够帮助我们处理情绪问题。记住，打断对方有两种方式：口头的和非口头的。非口头的方式包括做鬼脸、转移注意力或者叹气。如果你需要说点什么，请耐心等待，深呼吸，同时专注于对方所说的内容。

☐ 不要防御，不要攻击——不要说："你还不是一样！"

这种评论除了引战之外无济于事，还可能让你在以后都听不到反馈。有时要做到这点很难，但还是要从长计议。

☐ 谈谈下一步的计划——告诉向你提意见的人，下次你将如何改进，以及如何以不同的方法行事。做出承诺，并跟进自己的改变进程。

☐ 使用礼物公式——这一点已经反复强调过多次，不过，我们不妨再在这里再重申一下。要对反馈心存感激，并且告知对方你觉得感激的原因。

注意事项：

🎁 活动 98：如何获得更多的个人反馈？

看起来，确实有些人听到了大量的反馈，并从中获得了成长。而另一些人却因刚愎自用而臭名昭著，他们听不进任何批评的话，还扬言要让提意见的人付出代价。你是如何获取更多反馈的？其他人又是怎么做的？我们在此给出四条建议。

1.寻求反馈：不要被动接收反馈。想让别人知道你欢迎反馈并渴望以此来提升自己，最好的办法就是主动去找反馈。我们在先发制人的时候，也会更容易为接收反馈做好准备。

2.在需要时寻求帮助：如果你需要帮助，就去找特定的人，请他们给你提意见。他们也会很高兴能为你的改进做点贡献。

3.树立人设：让自己变成别人眼中乐于接收反馈的那种人。把这变成你的个人标签。

4.将改变落到实处：一旦收到反馈，就要负上责任，兑现承诺，将改变落到实处，别给自己找借口。如果你确实听进去了别人给你的建议，那么对方也会更愿意再给你更多的建议。

请君一试：设定一个话题，找三个能直接坦率地提供反馈的人，请他们针对这个话题来给你提意见。写下你想问谁、什么时候问，并在表 13-2 中记录下整个沟通的过程。

表 13-2　反馈表

你想找谁要反馈	何时要反馈	结果
1.		
2.		
3.		

注意事项：

_____

_____

_____

🎁 活动 99：为反馈设定边界

不是所有的反馈意见你都得接受。重要的是，要明白自己的边界在哪里，然后据此展开沟通。设定边界能让你的家人、朋友、同事甚至老板都知道你的底线是什么。

要设定边界，就要了解你在情感空间上的限制。当有人侵犯你的个人空间时，你或许会有所知觉。但倘若边界不甚清晰，你的空间就会面临再次被侵犯的危险。

请君一试：我们在这里给出两个例子，一个是关于工作的，另一个是关于个人生活的。答案无所谓对错，只要你自己认可就好。同样的话，如果是私下说的，也许你觉得可以接受；但如果对方是当着一群人的面说出来的，也许你就不能接受。记住，你的空间限制可能会随情况的变化而改变。指出你在以下两种情况下的边界分别是什么。

1. 工作案例：英语不是你的母语，所以你在说英语的时候会带上一点轻微的口音。尽管如此，电话那头的人都觉得和你沟通起来没什么困难，只有坐在你旁边的这个人能捕捉到这个小小的瑕疵。现在，这个人又一次批评了你的口音。你能说些什么来阻止他一再提及这件事情？

_____

_____

2. 生活案例：你身材匀称，不胖不瘦。但你有一个超瘦的朋友，对方一直跟你说，要是能再减掉个15磅❶，你的人生会更顺利。可你对自己的体重很满意，也没有兴趣减肥。你会如何告诉对方你不想讨论这个话题？

_____

_____

记住，反馈总是好的——虽然我们在听到别人的反馈时仍会不可避免地感到受伤。而且有时，即便是小小的刺痛，也会让我们受到莫大的伤害。不过，就算是在这种时候，礼物公式也仍然能派上用场。

注意事项：

_____

_____

_____

---

❶ 1磅 ≈ 0.45 千克。——编者注

🎁 活动 100：礼物公式可为个人反馈加持

你可能已经很熟悉礼物公式三步法了。当有人给你反馈时，你可以用它来做更多的练习。我们来回顾一下礼物公式，用它来针对个人反馈的状况做些调整。

1.通过建立融洽的关系来回应对方。

（1）无论对方给了你什么样的反馈，都先说"谢谢"。

（2）简要说明你为什么对对方的反馈感到高兴。比如说"谢谢你告诉我""谢谢你指出这个问题，以前我都不知道这冒犯到了你"或是"谢谢，我试着不这么做已经有一段时间了，所以谢谢你能说出来"。

（3）如果对方提供的反馈确实说明你的所言所行曾伤害过别人或造成了某些工作上的问题，去道个歉。只要简单说一句"我很抱歉"就好。如果反馈涉及一些重要问题，那就再加几句话："我很抱歉，我不会给自己找借口。请原谅我。"

（4）告诉对方你会怎么做。

对于个人反馈而言，在许多时候，只做前三步就够了。但如果需要的话，还可以尝试下列步骤：

2.通过调整自己的行为来修复关系。

（1）尽可能多地搜集信息，以此了解自己该怎么做。在应对个人反馈时，这并不总是十分容易，因为你会听到各种让你难堪的事情。

（2）尽快做出改变。

（3）跟进自己的改变进度。在这点上，你要和对你提意见的人进行沟通，向对方确认他们是否能看出你做的改进。同时也要问一问还有没有其他你能努力的地方。

3.纠正错误，避免再次发生。

（1）负责到底。

（2）把行为上的改变化为一种习惯。

注意事项：

_____

_____

_____

活动 101：测试你对礼物公式的掌握情况

活动进行到这里，从某种程度上来说，现在你也算是专家了，你可以展示自己的专业水准。看完这本书后，你有没有在哪次处理客户投诉或反馈时使用过礼物公式？

请君一试：请复盘最近几次处理客户反馈的经历，并回答以下问题。

当你收到客户的反馈时，有没有用到礼物公式？

有_____没有_____大部分时候有_____

你还有哪些需要改进的地方?

_____

_____

_____

你在下一次使用礼物公式的方式有什么改进?

_____

_____

_____

　　如果你能发觉自己有什么需要改进的地方,也就能知道自己在之后的工作中要做出哪些改进,同时那也就代表着你对礼物公式的掌握情况还是很不错的。恭喜你,现在你完成了本手册中的全部 101 项活动。

　　注意事项:

_____

_____

_____

🎁 自我检查:给予及接收个人反馈

　　你认为反馈难以接受的原因是什么?对你个人而言,你觉得你能做些什么让自己专注于反馈中的礼物？

_____

_____

_____

你觉得人们之所以很难以一种帮助对方学习与成长并强化关系的方式来向别人提意见，原因何在？站在个人的角度上，你觉得做点什么能更好地给予反馈？

_____

_____

_____

假使人人都能学会如何更好地接收和给予有益的反馈，使他人都能看到这些意见中所蕴含的礼物，那么你认为那将是一个怎样的模式？在下方空格中画出你所构想的这样一个模式！

结　语

哇！你做到了！现在你学完了整本实践手册的内容。祝贺你！为自己鼓鼓掌吧！我们知道，既要做好日常工作，又要应对像投诉处理这样的大问题，这并不容易。毫无疑问，现在你肯定已经发现，投诉处理是个十分宏大的主题，它涉及了诸多相关的商业议题。

你不可能什么都做。现在的关键问题是：下一步该做什么？接下来，我们会给出一些易于遵照的指引。

遵循大致路径——如果你在阅读本书时用荧光笔做过笔记，也许你就能看出其中的大致思想路径，进而继续强化"投诉是礼物"的思维模式。这条路径会帮助你重复强化需要遵循的概念和技巧，直到它们成为你的第二天性。

认可"投诉是礼物"这一思维模式的价值——你必然已经明白：思维模式会同时影响你、你的客户以及你的同事，那么每次你在投诉处理过程中实践这些技巧和想法时就都会强化"投诉是礼物"的心态。无论你怎么做，这都是决定性的一步。

思考你在组织中的角色——你的下一步行动将部分取决于你在组织中的角色。我们这里说的下一步措施主要是针对客服代表这一岗位给出的。客服代表更关注的可能是如何与前来投诉的客户打交道，管理人员要鼓励客服代表实践本手册所提出的处理投诉的最佳技巧，组织的领导者则应着眼于创建全面的服务恢复地图。我们推荐管理人员和领导者都去读一读《投诉是礼物》一书。它涵盖了一些与本书相同的主题，但更为深入，而且它也引入了一些与领导层相关的想法。

持续练习礼物公式——如果你仔细阅读过本书第四章的内容，就会对礼物公式有所了解，而对这一工具的实践则能帮你将本实践手册及《投诉是礼物》的核心概念——即"投诉是礼物"根植于心。这是本书的重点所在。一旦你养成了经常感谢他人反馈的习惯，你也就掌握了这两本书的基本知识。

回顾你在整个"投诉是礼物"主题上的进展——不时（也许每月一次）翻看实践手册，看一看你在书中写下的各种答案。因为在应对过一连串难缠的客户之后，你会很容易将"投诉是礼物"的理念抛诸脑后。

完成"与挑剔的客户互动"这一章（第十一章）中的活动——大部分客服代表都会遇到一些难缠的客户，有些人还会经常遇到。不过，即便你不是相关行业的从业者，也会偶尔或不时收到棘手的反馈与投诉。所以，最好能为此做些准备。

做好准备，共情他人——要做到自如开启或关闭自己的同理心是不容易的。最好能时刻做好准备，一旦你需要调动同理心，就不必大动干戈。学会从他人的表现中识别放之四海而皆准的六种基本情绪。

持续练习提问及倾听技巧——这对你的生活的方方面面都有帮助，对投诉处理尤为有益。

继续研究身体语言——当客户前来投诉时，其个人生活和商业生活领域都发生了很多变化。所以，要学会读懂微妙的身体语言所传递出的真相。

选取有力的措辞，让它们为你所用——我们在本书中花过好几页的篇幅来讲述何为有力的措辞。毫无疑问，这当中有些语句并不是你会在日常生活中说的话。但从现在起，尝试用上它们。等到你能不假思索地说出这些话时，再给这个语料库增加一些素材，它们会发挥出强大的作用！

照顾好自己——客户服务不是一项容易的工作。它会耗费能量，倘若没有强健的体魄，你就无法撑过那样艰苦的一天，也就很容易因此而精疲力竭。一旦走到这一步，人人都是输家。不过，也没必要过度紧张。只要你能下定决心照顾好自己就行。希望你能做到这一点。

注意给予和接收个人反馈——反馈会帮助我们成长，正如投诉能帮助企业获得改进一样。本实践手册中的大部分理念同时也适用于我们的商业生活和个人生活。当别人向你提供反馈时，不管他是谁，都先对他说句"谢谢"。你会惊讶于这句话对平息人际争斗的作用。

处理好投诉需要依赖情商，而情商是我们在与每一个客户展开的每一笔交易中都必不可少的一项素质。如果你能建立起有关投诉的健康心态，你就会理解，为什么我们需要广泛理解"情感"二字，才能处理好性质复杂的投诉事件。这需要我们终身学习，因为心理学家对人类互动的认识是在不断加深的。在投诉处理领域中，这种持续的学习就是你个人在接下来所要做出的那部分努力。